SURVIVRE

ECRIT PAR EVELYNE NACIER

PREMIÈRE EDITION

2008

 www.trafford.com

TABLE DES MATIÈRES

SURVIVRE

Avant propos

C'est l'histoire d'une dame, fille aînée d'une famille pauvre qui a connu de terribles misères tout au long de son existence. De tempérament fragile, elle retrace les moments de peine qu'elle a endurés à cause de l'entêtement de sa mère, de la frustration de son père, de l'insolence de son jeune frère, de l'hypocrisie de ses soeurs, de l'abus de ses maris, de la mort, la maladie et les souffrances de ses enfants. Toute sa vie fut pavée d'embûches. Devenue adulte et acquérant un peu de sagesse, elle a fini par découvrir la cause de ses misères après une simple réflexion faite par sa soeur benjamine. Cette dernière jeune d'elle de treize ans et victime d'un lavage de cerveau ne faisait que répéter sans réfléchir ce qu'elle a entendu dire ignorant tout ce qui s'était produit dans le passé.

C'est une histoire émouvante qui fait à la fois réfléchir, rire et pleurer. Elle a mis en évidence ses amours, ses aventures, ses chagrins, ses émotions, ses soucis, ses réussites.

Chacun a ses problèmes dans cette vie. Parlant de problèmes, elle en est un vivant et palpable. Cette histoire demande d'être mise en scène pour servir de leçon à plusieurs. Le monde

5

est rempli de ces gens que l'on côtoie chaque jour ayant connu
des tourments pareils mais qui pour une raison quelconque
ne peuvent dégager leur conscience. Nombre d'entr'eux sont
devenus fou. Voilà pourquoi quand quelqu'un vous approche,
ne le repoussez pas. Ecoutez-le. C'est peut-être un message
qu'il vous apporte.

Ce sont des faits réels qui vous portent à penser et tirer
une conclusion en changeant votre façon de vous comporter.
Cela frappe votre imagination, et retient votre attention. Elle
a montré d'une manière très vivante ces évènements. Lisez
plutot.....

PREFACE

Jésus-Christ nous dit dans son Evangile: "**Vous aurez pour ennemis les gens de votre maison**". Et la Bible affirme encore: "**Malheur à l'homme qui se confie dans l'homme**". C'est la pure vérité laquelle je ne voyais pas sous cet angle jusque-là parce que la personne en question est **ma propre mère**. L'on s'écriera quel paradoxe! Comment avancer de propos pareils? Comment une fille pourrait-elle écrire contre sa mère? Eh bien lisez. Tout au cours de cet ouvrage, vous en jugerez vous-même. Il faut qu'il y ait quelqu'un qui soit capable de le faire pour que cela serve d'exemple. Plusieurs souffrent de la même manière mais craignant l'opinion publique, ils gardent le silence. Il faut qu'il y ait quelqu'un qui possède le courage de braver cette opinion. Sans me connaitre, ma vie devient un mystère pour plusieurs. Mêmes mes proches ne savent pas qui je suis. Leur attitude démontre qu'ils ne me connaissent pas.

Etant élevée d'une façon religieuse, toutes mes études étant faîtes à une école catholique, j'essayais d'observer à la lettre les principes bibliques et moraux qui me demandent d'être respectueuse, polie, généreuse et surtout d'honorer mon père et ma mère afin que je sois bénie du Seigneur et que mes jours soient prolongés. Mais, dès ma tendre enfance, et tout au long de mon jeune âge, en passant de l'adolescence au mariage jusqu'à devenir adulte, je sentais au fond de moi quelque chose d'anormal que je n'arrivais pas à comprendre voire à expliquer. Il y a quelque chose qui cloche quelque part. En moi, j'avais deux vies: une extérieure pour faire plaisir aux autres, surtout mes parents spécialement ma mère, et une autre intérieure qui souffrait en silence ne pouvant trouver une explication aux événements. Et toujours voulant mettre en pratique le quatrième commandement, j'admettais le fait. Ce qui fait de ma vie une contradiction. Je dis toujours le contraire de ma pensée.

"C'est le châtiment qui produit la paix" déclare encore la Bible. J'étais âgée de cinquante cinq ans quand ma soeur benjamine par une simple réflexion, m'a fait découvrir la source de mes tourments.

Génétiquement, elle est une parfaite reproduction de celle qui lui a donné le jour. Je veux que mes enfants, tous ceux qui me connaissent et le monde entier sachent qui je suis, la vraie personne, les problèmes que j'ai confrontés, de manière à avoir une opinion positive à mon sujet. Car sans vous connaitre à fond, les mauvaises langues ne font que médire.

Chacun dans la vie a sa raison d'agir. Chacun dans la vie adopte une façon de vivre dépendant des circonstances qui le portent à agir de cette façon. Il y a des secrets dans la vie d'un individu que lui seul connait, et personne n'est capable de l'aider. C'est pour cela qu'il faut éviter de juger, car l'apparence est souvent trompeuse.

Et personne ne peut prétendre d'être meilleur qu'un autre, car chacun a ses faiblesses cachées. Il faut aller aux fonds des choses pour les découvrir. Nul n'est parfait. C'est Dieu même qui l'a créé ainsi pour que l'on ne se vante. Il peut vous gratifier d'un certain talent, on peut avoir des dons. C'est une grâce du Très-Haut. Cela ne veut pas dire pour autant que vous êtes meilleur qu'un autre. L'on fait des efforts pour atteindre la perfection.

Je suis une rescapée. Je suis une femme forte, conciliante, courageuse, aventurière, persévérante, et très souvent mal comprise par les miens. Ce sont des étrangers qui me louent, qui apprécient mes vertus, qui me tiennent en estime et qui me réconfortent. J'ai pu réussir dans la vie -si je peux appeler cela réussir- **c'est grâce aux bénédictions de mon Créateur.** Car Il sait pourquoi Il m'a envoyée sur cette terre. Je suis ce que je suis par les faveurs du Tout-Puissant. **C'est pour cela que je bénirai le Seigneur toujours et partout, en tout temps et en tout lieu.** Aujourd'hui, j'ai décidé de briser le silence.

DÉDICACES

Il m'est venu à l'idée d'écrire cet ouvrage, et je le dédie à tous ceux qui se trouvent dans la même situation, et qui ont connu comme moi de tragiques moments dans leur vie. C'est pour les réconforter et leur donner du courage de survivre malgré tout. La force, le courage, la sagesse, la victoire, personne d'autre ne peut vous les procurer que Dieu seul. Je tiens aussi à rappeler qu'à chaque fois que l'on s'humilie au devant de qui que ce soi pour une raison ou pour une autre, soit disant pour observer les principes bibliques et moraux, et pour répondre aux exigences de la société, sans aucune considération, sans aucune forme de procès, il vous insulte, vous donne de l'irrespect et vous piétine.

Ces mémoires sont dédiés spécialement à mon très cher fils Junior qui dès son enfance a vécu avec moi toutes mes misères en passant par la gastro-entérite quand il fut un bébé de huit mois,-ce qui le laisse avec des difficultés de langage-, jusqu'à une terrible dépression qui lui a fait perdre une année au collège pendant son adolescence. Méprisé, humilié, rejeté, maltraîté et abandonné par son père, **c'est l'enfant de mon Coeur.** Je le dédie aussi à mon aimable fils aîné Samy qui dès son jeune âge, arraché brûtalement de l'amour maternel, a connu une enfance tourmentée, traumatisée et misérable. Je ne saurais oublier mon benjamin Covy qui, en dépit des péripéties causées par son mal congénital, a survécu de l'abus sexuel, du trauma et de la drogue. Je rends grâce à Dieu. Je le dédie aussi à tous ceux qui sont contraints à dire "oui" quand il faut dire "non", et veci verça. Cette dédicace va surtout à mon soucieux feu père Edner qui grâce à son amour et ses sacrifices, a su me donner en cadeau le pain de l'instruction me permettant de boucler mes études, et d'être ce que je suis aujourd'hui. Ce livre est écrit avec un vocabulaire très simple, et facile à comprendre. Vous n'allez pas trouver des mots compliqués qui vous portent à utiliser votre dictionnaire. J'ai envie de raconter et de partager les tourments cachés que seul mon Coeur est capable d'exprimer. Allez... Asséyez-vous confortablement, et lisez. Que Dieu vous bénisse!

Un grand remerciement à mes chers amis Gaby et Richy qui m'ont aidée à parfaire la rédaction de ce volume.

CHAPITRE I

UNE VIE DE DÉPRESSION

Je suis l'aînée d'une famille de quatre enfants. Mon frère cadet qui est le jumeau d'une soeur mort-née a pris naissance six ans après moi. Deux ans après lui est née une autre soeur, et la benjamine est jeune de moi de treize ans. Dès mon enfance, je n'ai pas connu la joie de vivre dans un foyer uni où mon père et ma mère vivraient ensemble et en parfaite harmonie en prodiguant des soins nécessaires que mérite un enfant pour son évolution normale. J'ai pris connaissance de mon existence en me voyant vivre avec une tante (grande soeur de mon père) que j'appelais "**maman**". Elle m'avait adoptée, dit-on, parce qu'elle n'avait pas d'enfant, et aussi parce que je suis l'aînée de leur génération. J'appelais ma mère aussi "maman", et j'étais confuse ne sachant qui d'entre elles était ma vraie mère. Cette tante-mère me choyait et me supportait jusqu'au jour où elle avait mis au monde son propre fils.

La vie entre mon père et ma vraie mère fut des plus tourmentée. J'avais un grand point d'interrogation en tête. Je n'arrivais pas à comprendre mon existence. J'étais toujours bousculée d'une façon ou d'une autre par des va et vient que faisait ma mère allant d'une maison à une autre. Elle n'était pas stable. Je n'avais pas le support moral de mes parents. Je suis toujours la seule à penser et à décider de ce que je pense qui pourrait être dans mon intérêt. Je n'ai pas connu l'amour. **"Je t'aime"** est une expression qui ne sortait jamais de la bouche d'aucun d'eux. Il fut un moment de la durée où je me demandais perplexe: **"Suis-je la fille de mes parents?** Ne suis-je pas une adoption?

J'ai eu ma première crise de dépression quand j'étais âgée de douze ans. C'est à dire que mon frère avait six ans, mon autre soeur quatre, et la benjamine n'était pas encore née. Donc, trop jeune pour comprendre, ils ne savent rien de ce qui m'était arrivé. D'ordinaire chaque samedi, c'est moi (puisque ma mère ne va pas se   déplacer) qui fus chargée d'aller auprès de mon père pour recevoir l'argent de la semaine parce que c'est très rarement que mes parents se trouvaient ensemble. Ce jour-là, mon père était absent. Assise devant sa porte comme une petite mendiante, j'avais commencé à éprouver de l'amertume dans l'âme, et je pleurais. J'ai pleuré jusqu'à perdre connaissance. Ce sont les voisins du quartier qui pensant que j'avais faim, sont venus à mon secours. Ils ont apporté de l'eau, ont lavé ma figure, et ils m'ont donné à manger du pain beurré avec du lait. Ils m'ont abritée en attendant l'arrivée de mon père. Ce dernier en me voyant était abattu. Vexée, je n'avais pas cessé de pleurer jusqu'à mon arrivée à la maison où ma mère habitait. J'avais des sanglots qui n'en finissaient pas. Arrivée, ces pleurs se sont transformés en des cris hystériques. J'avais peur. J'avais envie de m'évader. Je n'arrivais pas à comprendre mon état.

Ayant appris l'incident, ma mère toujours animée d'un esprit à l'envers, a déclaré que ce sont les femmes de mon père qui me font du mal. Elles m'ont envoyé un "zombi". Je suis victime d'un mauvais sort. Donc il faudrait que je sois traîtée. Elle m'a emmenée dans la maison d'un soi disant frère de l'église pour des prières d'exorcisme. Dans la soirée, ce dernier me fit s'asseoir sur une petite chaise, et avec de l'allumette et du pétrole en main, il me posait des questions drôles pour me faire parler. Il me menaçait de me brûler si je ne répondais pas. **J'avais de la frayeur en plein.** J'étais entrain de le regarder en tremblant sans mot dire, parce que je ne savais quoi répondre. A la fin, voyant qu'il ne pouvait obtenir de moi ce qu'il cherchait, il a versé le pétrole sur ma tête. J'ai tréssailli. J'ai senti à ce moment une frisson me parcourir le corps. Il m'a fait coucher sur un petit lit toute seule, et le lendemain je me suis réveillée avec mon cuir chevelu brûlé. J'avais des plaies sur toute la tête. On a dû me couper les cheveux.

Si dans l'avenir, j'ai pu avoir la capacité de poursuivre mes études, je ne suis pas tombée dans le coma, mon cerveau n'est pas affecté, je ne suis pas mentalement handicapée. c'est grâce au Bon Dieu qui a un plan pour moi. Et jusqu'à présent parfois je ressens des brûlures à l'intérieur de ma tête spécialement quand il fait très chaud. J'avais toujours eu une vie de dépression dès mon enfance comme déjà dit. Un rien me porta à pleurer, car je n'aimais pas ma façon de vivre. C'est à l'âge de douze ans qu'elle s'était manifestée pour la première fois.

Très souvent, l'on a tendance à traîter un petit enfant de pleurnichard, ne connaissant pas ses tourments. Dans sa petite tête, étant dans l'impossibilité de réagir, sa réaction est de pleurer face à ses soucis ou de se montrer rebelle. L'enfant a aussi des problèmes quand cela ne marche pas, bien que l'on répète très souvent qu'un enfant n'a pas de problème. Il a des difficultés pour fonctionner. Je peux en dire long, car je suis institutrice.

Comme il y a toujours un motif qui la porte à retourner vers mon père qui l'attendait toujours les bras ouverts à cause de nous qui sommes aussi ses enfants, ma mère est allée encore habiter avec lui. C'est à ce moment qu'elle a conçu ma soeur benjamine qui est devenue ma filleule. Je dois dire en passant qu'à chaque fois que je vois mes parents entrain de vivre ensemble, j'éprouvais de la satisfaction, une joie inexplicable, car un bon père responsable est un pilier dans le foyer.

J'ai eu encore une terrible dépression après mon mariage avec mon premier mari. Je suis de nature une personne très sensible. Les conditions inhumaines dans lesquelles je vivais faisaient pitié. Il régnait dans la maison un silence de cimetière. Ce fut une atmosphère morne, et démoralisante. C'était la lecture de la bible à longueur de journée. D'après lui, c'est cette conduite qu'il faut observer pour plaire à Dieu si on veut aller au ciel; pas de bruit seulement de la musique langoureuse jouée tout bas, musique qui vous rend triste et vous fait pleurer; pas de visite seulement sur invitation; pas de blague, pas de rires aux éclats prétendant que ce sont des gens vulgaires qui agissent de cette façon; pas de danse puisqu'il n'y avait pas d'animation dans les musiques, si par hazard je change le rythme, il est boudé, parce que je laisse le démon pénétrer dans mon coeur; pas de cinéma, pas de théâtre, ce sont des plaisirs mondains; pas de maquillage, ce sont les femmes du monde qui se maquillent; pas de couleur éclatante, le rouge m'était interdit, pas de distraction que seulement le sexe à la tombée de la nuit parce que d'après lui c'est une obligation. Il est mon mari, je ne dois pas lui refuser. C'est dans ce but que nous nous sommes mariés. Cela me porte à haïr le sexe. Je vais répéter mot pour mot ce que furieux il m'avait dit une nuit tout en déchirant mon sous-vêtement: **"Vous êtes obligée comment? C'est pour cela que nous nous sommes mariés".** Et, il se mettait à frapper de ses pieds, et secouer le lit pour m'empêcher de dormir. J'avais dû, en colère, lui laisser la chambre pour aller m'étendre sur un canapé au salon. Il dit que l'homme est le chef de la femme. Par conséquent, je dois lui obéir sans compter parce que Dieu lui a légué plein pouvoir sur moi. Je l'acceptais même quand il négligea son hygiène. Il parait que parmi tous ces chefs, (car, il y en a plusieurs de ce genre) il est l'un des plus haut gradés. J'avais perdu mon sourire. Il maintenait toujours un visage mesquin pour m'impressionner. Et, étant femme de pasteur, j'étais la première dame de l'église, j'occupais ainsi la première place, je n'avais pas droit au divorce. Je devrais me conformer en donnant le bon exemple aux autres. Donc, je jouais le rôle de la femme modèle en cachant mes appréhensions. Je donnais un rire jaune aux autres, faisant semblant d'être heureuse. **Voilà ce qu'on appelle "faire plaisir à la société".**

Ma mère venait chez moi pour prendre soin de mon fils aîné après son intervention chirurgicale. Elle n'avait pas le droit de rentrer dans la chambre, prétendant que c'est un endroit intime où seul les époux doivent y pénétrer. Ce qui me paraissait bizarre, parce que le berceau de mon bébé se trouvait dans la chambre. Après lui avoir donné son biberon, elle devrait se déplacer pour aller au salon. C'était après avoir commis un acte très trivial à ma mère qu'il me fit savoir que cette dernière est fatiguée, il va demander à la sienne de venir de préférence. Ce que j'avais accepté sans arrière pensée, parce que toutes les deux sont les grand-mères de l'enfant. C'était pour constater que sa mère se couchait toute la journée sur notre lit dans la chambre, alors que la mienne devrait rester au dehors.

Au dernier moment, j'avais fini par exploser. J'ai dû avoir les soins d'un psychiatre qui me prescrivait des médicaments qui me faisaient gloûtonner comme un porc et dormir à longueur de journée. Mais, ce n'était pas la solution au problème. Je devais mettre fin à cette union qui me dévastait. Et comme dans mon pays, il y a certaines prescriptions qui n'ont pas besoin de la signature du médecin, je m'achetais toujours du valium que je prenais à petite dose pour m'aider à parer les coups.

Un jour pendant que j'enseignais dans ma classe, je ressentais ma gorge qui se serrait. Le serrement était tellement fort que l'air ne pouvait plus pénétrer dans ma poitrine. Le ténèbre commença à s'installer autour de moi. Je faisais des efforts énormes pour respirer. Je me suis assise calmement en déposant ma tête sur le bureau, et je respirais comme quelqu'un atteint d'une crise d'ashme. Les élèves ne comprenant rien, se mettaient à rire aux éclats à chaque fois que j'aspirais. Je leur faisais que des signes qu'ils n'arrivaient pas à comprendre. Ils pensaient que j'étais entrain de jouer. J'avais perdu le contrôle de la classe. Après un certain moment de silence, j'avais dû appeler la maîtresse d'à côté pour lui demander de garder la classe pour moi. Pour chercher un soulagement, j'ai été verser de l'eau sur ma tête, et je suis partie voir mon psychiatre qui n'a fait que me prescrire un médicament à plus forte dose. Il m'a recommandé de rentrer chez moi et de garder la chambre. Je me suis dit en moi-même: **"Ma vie va-t-elle s'arrêter là?"** Alors, j'ai pris la détermination de faire des efforts pour vaincre ce problème, et pour que cela ne se renouvelle. Car bien des fois, pendant mes visites chez ce psychiatre, j'avais l'impression qu'il n'accordait pas d'importance à mes paroles. Et, ces visites coûtent très chers. J'avais besoin de quelqu'un en qui je pourrais trouver du réconfort. Quelqu'un qui comprenait mes souffrances. Il ne faisait que me prescrire. **"Si l'Eternel n'était pas mon secours, mon âme serait déjà dans la vallée du silence", pour répéter après le psalmiste.**

Après tant de coups pris dans le passé entre parents et maris; méprisée, humiliée, blessée, dérespectée, abusée, insultée, ironisée, mal comprise, seule livrée à moi-même dans l'éducation de mes enfants, j'étais tombée encore dans une autre terrible dépression. J'ai été transporter à l'hôpital en trois occasions pour crise cardiaque. J'ai eu à subir une opération au coeur dénommée "**bypass**". J'avais des douleurs dans mon coeur qui palpitait violemment dans ma poitrine. **Mais ce n'était rien que la dépression. Je le sais.** Je développe maintenant de l'hypertension et du diabète. Je suis devenue addicter à mes médicaments. Et jusqu'à ce moment, je ressens de temps à autres ces symptomes qui se manifestent par la peur, l'anxiété, des palpitations, des serrements de coeur causés par des angoisses répétées, une respiration courte, des étouffements, de l'insomnie, des nausées, des coliques, des picotements, des tremblements, des sueurs froides. Ma dépression se manifeste même dans ma façon de regarder. C'est une lutte pour moi des fois de tenir mon regard fixe. Le noir de mes yeux se met à tourner à l'envers comme quelqu'un aux yeux louches.

Pensant trouver une solution á mes problèmes, j'étais allée consulter un centre de psychiatrie où j'ai été admise. Oh! Ce fut un endroit amer et désagréable où l'on traîtait les malades rêchement comme des prisonniers. J'ai eu à vivre avec des fous. Et perplexe, je me suis écriée: "**Oh! Mon Dieu, ma place n'est pas pour ici! Je ne crois pas que je suis arrivée à ce point**". La façon dont on traîte les patients suffit pour aggraver leur mal, au lieu de les soulager. J'avais passé une semaine dans ce cloître où depuis le premier jour, j'avais demandé à partir.

Et, récemment, pendant que je voulais écrire le rapport de mon travail, j'avais déposé ma main sur le papier, la plume s'en est échappée et ma main ne bougeait pas. Je me suis demandée qu'est ce qui se passe? J'avais voulu me déplacer, et mon pied droit était adhéré au sol. Alors, j'ai pris peur. J'avais été consulter mon médecin qui a appelé l'ambulance qui m'a transportée d'urgence à l'hôpital. C'était une attaque d'apoplexie (stroke) qui m'empêchait aussi de m'exprimer clairement. J'avais passé ainsi deux semaines à l'hôpital où l'on m'avait reappris à écrire avec une grosse plume comme une enfant en classe de kindergarten. Et, après de sévères séances de thérapie et surtout grâce à l'intervention divine, je me suis portée mieux. J'ai pu reprendre mon travail bien que je traînais un peu sur le pied droit. Car, je ne peux me payer le luxe de rester chez moi sans travailler. C'est moi qui dois répondre à tous mes besoins.

Comme résultat, mon côté droit est resté faible, mes jambes sont devenues lourdes, pour monter ou descendre un escalier, il me faut du support, sinon je risque de tomber. Je ne peux plus élégamment marcher avec des hauts talons comme autrefois. J'ai perdu mon équilible. Il me prend du temps des fois pour trouver les mots pour m'exprimer. J'ai des difficultés parfois pour avaler. J'ai des sanglots pendant mon sommeil. Mon estomac se transforme en une pharmacie tant que j'ai toujours une pillule quelconque à avaler.

Ce sont des symptômes que j'essaie de mon mieux de combattre, car je ne veux pas en être victime encore une fois. Et, quand je parle de ces symptômes, certains ayant l'esprit tortueux et corrompu me regardent d'une drôle de façon, pensent et disent que c'est le résultat de ma vie célibataire. Il me faut un homme pour effacer ces sensations. J'ai besoin des relations sexuelles que je hais. Donc, puisqu'il en est ainsi, je garde le silence. Je retiens mes complaintes pour moi seule pour ne pas être mal jugée. Nul ne peut arriver à comprendre ce qui se passe en moi. Ma dépression est une tâche d'huile qui s'est répendue dans tous mes systèmes. Et, ce qui est rigolo, c'est que toutes les personnes que je côtoie me complimentent pour ma bonne humeur parce que je souris toujours. Je laisse l'impression que tout va bien. Mais au fond de moi, je sens que je périclite. Je ne me laisse pas écraser ou emporter par les évènements.

Parfois, on est surpris de voir quelqu'un mourir subitement. C'est tout simplement parce qu'il avait gardé en secret quelque chose qui lui rongeait le coeur. Il vivait sous les pressions d'un chagrin qu'il refusait de montrer. Cette maladie(dépression) en attaquant votre système nerveux, vous dégénère, vous paralyse, et vous tue si vous vous laissez aller. Donc, je résiste pour survivre. **C'est dans mon Sauveur que je puise ma force.** C'est pour cela que je tiens toujours mon esprit occupé, car un esprit oisif apporte des mauvaises pensées qui détruisent. J'occupe toujours mon temps à faire quelque chose. J'écris, je lis de bons livres, je médite, je joue de la guitare. **J'invoque l'intervention de mon Maître quand je me sens abattue.**

Car aucun commun des mortels ne peut rien faire pour moi. Puisqu'ils ne vivent pas en moi, ils ne peuvent pas lire ma pensée, ils ne comprendront jamais mes tourments. **C'est pour cela que je refuse de critiquer un autre.** Je choisis de regarder des films comiques et instructifs à la télévision, et je n'hésite pas à danser quand la musique est entraînante. Je cherche la compagnie des gens instruits, expérimentés et ouverts, et comme je suis couturière, je couds. On est d'ailleurs toujours pré-occupé dans l'entretien d'une maison.

CHAPITRE II

MA MÈRE

Ma mère que j'aime de tout mon coeur est **une parfaite, superbe et subtile perfide.** Vous devez avoir des yeux pour le voir, car l'amour filial que l'on vous a inculqué vous aveugle. Elle ne m'a jamais aimée ou du moins elle ne sait pas comment m'aimer parce qu'ignorant le reste du monde, elle ne défend que sa personne à travers moi. Et je m'explique.

Tout d'abord, elle ne prenait pas ses responsabilités de mère. Elle a toujours tendance à les confier à quelqu'un d'autre pour avoir la paix d'esprit en se déchargeant de quelques soucis. C'est ainsi qu'elle avait confié la garde de son unique fils (mon jeune frère) à sa cousine-infirmière pensant que l'enfant aurait une meilleure éducation. Et cette dernière avait un comportement tellement dévergondé, tellement vulgaire qu'elle était entrain de pourrir l'âme innocente de ce petit garçon. Elle prenait un malin plaisir à pratiquer ou prononcer des obscénités qu'elle faisait même répéter par les enfants et spécialement par mon frère son filleul sans respect pour l'âme de l'enfant qui innocemment les répétait comme une leçon apprise. Et, elle se mettait à rire à chaque fois que l'enfant les répète comme pour l'encourager. Ce qui lui laisse jusqu'à présent l'habitude de dire n'importe quelle insanité pourvu que ses désirs soient satisfaits. **La personne qui a eu à mettre fin à ce genre de conduite ignoble fut mon père.** Et, plutard dans sa perversité, n'ayant aucune forme de pudeur et utilisant la ruse, il est même arrivé au mari de cette marraine de vouloir me coucher parce que voyant en lui un personnage qui pourrait être mon père, j'étais trop gentille avec lui. Mais ce qui lui échappait, il ignorait que j'étais couverte par l'ombre de Tout-Puissant.

Mon frère nous conta qu'un jour, pendant qu'il était bébé, sa marraine s'était conduite d'une façon qui capta son attention jusqu'à présent. Sa mère était sortie et comme tout petit enfant, il pleura en réclamant sa maman. Cette pourriture de marraine l'a appelé, lui a ouvert ses jambes tandis qu'elle ne porta pas de sous-vêtement pour lui dire: "**Viens chercher ta maman ici**". C'est pour ne citer qu'un seul exemple.

Ma mère n'a pas non plus hésité à me confier l'éducation de ses enfants pensant qu'aussi jeune que j'étais, je pourrais être en charge. J'étais courbée sous le poids de ce fardeau. C'était trop lourd pour mes frêles épaules. C'est comme la mère-coucou qui dépose ses oeufs dans le nid d'un autre oiseau qui prend soin de ses petits. Comme arme de défense, elle se plaind toujours de son coeur malade. Par conséquent, elle nous raconte qu'elle peut sans avertir nous laisser. Ces paroles touchantes mettaient de l'amertume dans mon Coeur, et me faisaient pitié parce que je ne veux pas la voir mourir, et surtout je ne voulais pas que ce soit moi la cause de sa mort bien qu'elle me l'ait accusée. En un mot, je la protégeais. Je ne faisais que garder le silence devant ses actes bons ou mauvais même si cela me dérange ou me déplaît. Jusqu'à nos jours, maintenant âgée de 82 ans, elle chante le même refrain que je finis par connaitre par coeur: **"Je vais mourir, je vais mourir"**. Donc, j'ai fini par m'y habituer. Je n'ai jamais eu de récréation. Ma vie est un enfer.

Nous étions submergés par de mauvaises critiques que ma mère portait au sujet de notre père, et nous portaient à le haïr. C'était sa politique de se faire aimer parce qu'elle n'avait rien à offrir. Elle nous disait que notre père est un malandrin. Il est un cochon, il sent le bouc, il est un vaurien qui ne sait pas faire de bonnes choses. En un mot, elle n'aimait pas ce malheureux. Ainsi, elle nous avait communiqué sa haine pour lui. C'est ce qu'on appelle: **"Diviser pour reigner"**.

Etant ainsi façonné, mon frère était si fâché contre notre père qu'il me raconta un jour, dans son imagination d'enfant, avoir pulvérisé des éclats de verre dans le but de mélanger la poudre avec la nourriture servie à mon père pour l'éliminer. Il ne sait pas ce qui l'avait retenu pour n'avoir pas commis cet acte criminel. Donc, mon père, un bon père de famille, fut passé pour la bête noire. Aucun de nous ne l'aimait. Nous gardions une attitude hostile à son endroit.

La réprobation de ma mère était si forte qu'elle était même

arrivée à changer le prénom d'une de mes soeurs qui porte celui de notre père disant que si cette enfant a une si mauvaise conduite, c'est à cause du prénom qu'elle porte. C'est une malédiction de la part de son père. Et c'était moi qui fus chargée de ce job en effaçant le prénom de cette soeur de son acte de naissance pour le remplacer par un autre. Ce qui lui avait causé des problèmes par la suite.

Voici l'esprit dans lequel nous évolions. Voici l'ambiance créée par notre mère dans la maison avec notre père. C'est dans cette optique que notre pauvre papa a été placer. Et innocents, puisque c'est maman, nous répondions à ses désirs. Nous obéissions aveuglément aux enseignements de cette vache sans nous rendre compte qu'elle nous conduisait dans l'abîme.

Je me souviens un jour en conversant avec mon père, je lui avais posé une curieuse question. Avant même qu'il me donnasse la réponse, ma mère avait vite fait son intervention. Et mon père de lui dire: **"N'est-ce pas que vous m'empêchez de m'entretenir avec ma fille?** Cela avait attiré mon attention.

Très souvent, elle nous traîte de **"Cendrillon dans un coin".** Alors qu'en présence de certaines personnes, elle s'enfuie, elle reste avec la bouche fermée ou elle se cache. Pendant mes fiançailles, la soeur de mon mari qui était la femme d'un prêtre orthodoxe, nous avait invitées à dîner chez elle. Ma mère s'était vite précipitée pour aller s'asseoir sur le siège arrière de la voiture qui était venue nous chercher. Tout au cours du trajet, elle n'a soufflé un mot. Arrivée à la maison, elle était restée assise en silence toute seule dans un coin. A l'heure du dîner, elle ne s'était pas montrée. Elle leur a fait dire par mon canal, si elle mange, elle ne pourra pas retenir la nourriture, elle donnera des problèmes dans la voiture, car elle souffre "du mal d'auto". Et, moi, j'essaie adroitement de couvrir pour elle. J'ai été embarrasser. Si j'avais agi ainsi, c'est pour ne pas être accusée de l'avoir méprisée, et de l'avoir négligée. J'avais voulu l'honorer de cette façon.

Au mariage de mon fils Samy, nous lui avions fait faire le trajet jusqu'à New York pour venir y participer. A la réception, tout le monde s'était mis en ligne pour se servir. Génée, elle était collée sur la chaise. Elle m'a demandé d'aller lui prendre un plat que je le lui avais refusé. Quoi de plus devrais-je faire pour lui plaire? Retournée à la maison, elle ne faisait que critiquer les gens qui dansaient et tout ce qui ne lui plaisait pas.

Elle nous traîte aussi **"d'imbéciles à manger du foin"**. Alors qu'elle nous avait donné à manger de la merde. Elle avait préparé un bouillon faite avec de la viande de porc. La partie de l'animal qu'elle avait choisie pour faire ce repas était les dents qu'elle n'avait pas préalablement nettoyées. Tout le monde se réjouissait en dégustant ce consommé quand mon frère en suçant l'une de ces dents avait pris une odeur fétide. Toutes ces interstices étaient remplies de crottes pourries depuis longtemps. L'on avait de la nausée, mais il était trop tard. Cette malpropreté s'était déjà installée gentillement à notre estomac prête à être digérée. Ce sont des termes qu'elle emploie pour nous insulter quand elle se fâche et veut nous faire agir à sa façon.

Comme c'est moi qui fus chargée d'aller recueillir chaque samedi auprès de mon père l'argent de la semaine, ma mère m'avait fait aussi cette recommandation: "**En allant chez ton père, quelque que soit ce qu'il te donne pour moi, détruis-le**". C'est ainsi que ce dernier m'avait confié un paquet que je devrais lui remettre. Par curiosité, je l'avais ouvert pour voir son contenu. Ce fut une lettre dans une enveloppe et trois beaux sous-vêtements. J'ai lu cette lettre d'amour que j'ai déchirée après, et j'ai jeté dans une poubelle des rues les jolies culottes. J'avais beaucoup hésité avant de commettre cet acte. Et je me sens coupable d'avoir agi d'une façon déloyale envers mon père pour obéir aux dictées de cette perverse. Par la suite, après avoir pris conscience des méchancetés de cette dernière, en pensant à cet acte, j'éprouve du chagrin et des larmes me montent aux yeux. Je regrette d'avoir agi ainsi parce que pour elle, mon père ne représentait rien. Il n'avait aucune valeur à ses yeux. Elle n'avait aucun respect pour lui.

Comme déjà dit plus haut, ma mère est, pour une raison que je n'arrive pas à comprendre, une personne tourmentée et instable. Si pendant une année elle vit avec mon pére pour ne pas dire moins, elle a toujours un motif qui la porte à s'éloigner de la maison. Elle fait toujours de songes épouvantables auxquels elle donne une explication pour justifier la raison de son comportement ou bien elle dit que mon père est un sorcier qui veut la détruire. Pour elle, tout le monde est sorcier d'ailleurs, même mon jeune fils de huit ans. Elle a expliqué qu'une fois pendant la nuit, elle sentait la présence de quelqu'un qui la pressait, et en ouvrant les yeux, elle a vu cet enfant qui se tenait debout devant son lit.

Mon frère a eu à lui dire tout en se moquant: "**Si cette chose ou cette personne choisit toujours la nuit pour venir t'étreindre, c'est qu'elle t'aime**". Moi, apercevant au dernier moment qu'elle était entrain de divaguer, je n'accordais plus d'importance à ses paroles, parce que pendant les dix-huit ans vécue dans la maison, je dormais chaque soir comme un ange.

En découvrant cette malice, je me suis fait cette réflexion: "**Ce n'est pas possible, tout le monde ne peut pas être des sorciers. Il parait que c'est elle la sorcière. Donc, pour dissimuler son état, elle vous accuse en premier**". Car, une personne normale ne saurait agir de la sorte. Cette affaire de sorcellerie lui est une obsession.

Elle dormait dans une demie chambre près de la cuisine. Je m'étais réveillée le lendemain pour la trouver étendue par terre dans ma chambre. Surprise, je lui ai demandé: "**Que fais-tu là?**" Elle m'a répondu: " **Quelqu'un s'était infiltré à l'intérieur par un trou sous la porte pour venir me faire des grimaces, je ne pouvais plus dormir**". Prise de peur, elle a dû laisser son lit pour se refugier dans ma chambre. Je lui étais une protection.

Elle a toujours un motif qui la porte à s'éloigner bien loin de son foyer emportant avec elle tous les meubles pendant l'absence de mon père, et nous aussi ses enfants. Mon père me raconta qu'un jour à sa sortie du travail, il était rentré pour trouver la maison vide. Et, il était surpris de voir qu'elle lui avait laissé sa nourriture dans un plat déposé sur une crûche d'eau. Oh! Femme irrespectueuse!

Pendant ces périodes de crise, ne possédant pas la capacité de subvenir à ses besoins, elle se mettait à liquider à vil prix tous les meubles jusqu'à ce qu'il ne lui reste plus rien. A ce moment-là, elle retourne à mon père qui la tolérait à cause de nous qui sommes aussi ses enfants qu'il aimait. Et, il lui acheta de nouveaux meubles. Elle fut une ruine pour mon pauvre père. Il n'y avait pas moyen de progresser voire prospérer avec elle.

Mon père s'exclama toujours: "**Oh mon Dieu, quel mariage! Pourquoi tous ces problèmes! Cette union-là me tue! Cette femme est animée d'un esprit de destruction**". C'était les cris de désespoir de son coeur. Mais innocente, je n'arrivais pas à comprendre ce qu'il entendait par ces paroles jusqu'à ce que j'aie fait l'expérience moi-même.

Submergé par tous ces problèmes, mon père ne savait pas comment nous exprimer son amour. Je dois aussi affirmer que pendant ces moments de crise, mon papa cherchait toujours à savoir où elle s'est cachée avec nous ses enfants et venait nous voir en nous apportant des friandises. Ce dernier nous envoya toujours l'argent de la semaine. Et c'était moi qui chaque samedi fus chargée de ce job parce qu'elle se cache toujours derrière moi pour se protéger. Si un malheur devrait arriver, c'est moi qui en serais victime. Quand, elle se voit en danger, elle se sert de moi comme un bouclier. S'agit-il d'aller faire une commission ou une demande quelconque (elle demande toujours avec les conditions dans lesquelles elle vivait), elle m'envoie. Elle se cache derrière moi et attend la réponse. La personne qui en sortira victime sera moi de toutes les façons. Mais le Seigneur m'a toujours protégée parce que je suis son oint. Je dois le reconnaitre. J'ai eu à confronter pas mal de dangers d'où je suis sortie intacte. **"L'ange de l'Eternel campe autour de tous ceux qui Le craignent et Il les arrache aux dangers".** Je suis entourée par la voile protectrice du Tout-Puissant.

Le Pasteur de l'église que nous fréquentions à l'époque, ayant fait la remarque, l'avait bien fait ressortir dans l'un de ses sermons. S'adressant à elle, ce dernier a eu à dire du haut de la chaire: **"Il y a des mères sans décorum qui n'hésitent pas à vendre leurs petites jeunes filles pour de l'argent".** Ce sermon est resté graver dans ma mémoire jusqu'à nos jours, parce qu'elle m'avait envoyée auprès de ce Pasteur au presbytère de l'église pour lui demander de l'argent.

J'étais une fillette de quinze ans. A ce jeune âge, elle a eu à me demander d'abandonner mes études pour aller chercher du travail pour prendre soin d'elle et des autres enfants (mon frère et mes soeurs). J'avais quinze ans vous dis-je. A moi de lui demander: **"Ou vais-je trouver ce travail?** Elle m'a répondu: **"Allez contacter les patrons des magasins de la ville".** A ces mots, j'ai reçu un choc, j'ai eu de la confusion dans mon esprit et j'ai éprouvé du chagrin. Mais toujours sous la dictée du Saint Esprit de Dieu, j'étais allée reporter ce fait à la directrice de l'école que je fréquentais, qui elle aussi a reçu un choc. Elle a eu à me dire: **"Mais ma petite, tu es trop jeune pour abandonner tes études afin d'aller travailler. Non, je ne vais pas te laisser commettre une pareille bêtise. Tu vas rentrer à l'Ecole Normale, la section deux ans, tu vas obtenir ton diplôme d'institutrice. Et, je te trouverai un emploi à l'école même. Pour te supporter, je te procurerai les livres dont tu auras besoin pour tes études pédagogiques. Ne t'en fais pas, le Seigneur t'aidera, et surtout les jours passent vite".**

C'est ainsi que grâce à cet ange, **je fus diplômée Institutrice.** J'ai eu à professer dans les plus grands établissements scolaires reconnus de la capitale. Sinon, ma vie serait gâchée, parce que nul n'ignore ce qui est réservé à une jeune fille dans le besoin qui se présente à un patron. J'ai eu la vie sauve grâce à mon Sauveur qui toujours veille et prend soin de moi. Donc pour elle ma mère, le fruit était assez mûr pour être mis en vente. Et qui s'il vous plaît paierait les conséquences? Naturellement pas elle-même. Et toujours dans le but de me diminuer, me démoraliser et m'empêcher d'évoluer ou me voir dépérir parce qu'il voulait que ce soit ses enfants qui aient le dessus, mon oncle qui est aussi mon parrain, un homme que je considère comme mon père m'avait fait savoir: "Ce n'est pas la peine d'aller prendre ces cours parce que tu décrocheras un diplôme qui te serviras seulement à travailler dans les villes de provinces. Tu ne pourras jamais exercer ta profession dans la capitale". Il s'attendait à ce que je vienne lui tendre la main pour pouvoir m'humilier car pensant qu'il est un homme parfait, il ne ménage pas ses paroles. J'avais perdu mon travail. Faisant semblant de m'aider, il m'avait envoyée dans une petite école, à un endroit très éloigné pour m'humilier. C'est ce qui me ressemble. Oh! Pauvre pharisien arriviste! Mais ce qu'il ignorait, c'est que celui qui est béni et gardé par Dieu, est bien gardé. Aucun commun des mortels n'arrivera à briser le plan du Tout-Puissant. Si Dieu est pour moi, qui sera contre moi?

Je suis une personne très intelligente. Si j'étais pas aussi pressurée, j'aurais pu faire des études plus avancées, et j'occuperais ainsi une place beaucoup plus élevée dans cette société. A cause d'eux, j'ai été limitée dans mon évolution intellectuelle. Je les facilitais à mes dépends. Et, ils n'y accordent aucune importance. Ce sont des gifles que je reçois en récompense.

Voyant que j'avais des aptitudes pour la couture, mon père m'avait offert une machine à coudre en cadeau d'anniversaire. Ma mère toujours animée d'un esprit de destruction, voyait dans l'appareil un bon outil pouvant lui procurer de l'argent. Tout à coup, pour accomplir son dessein macabre, il lui était venu à l'idée de se défaire de cet outil. Sans se soucier que cela nous dérange ou pas, elle s'est emparée de cette machine et l'a vendue. Et de cet argent, elle a pensé construire **une cahutte** sur les propriétés d'une de ses cousines dans un endroit presqu'inhabité naturellement en nous emportant avec elle. Et c'est ce qu'elle avait fait. J'avais seize ans à l'époque. Privé d'électricité, sans protection aucune, n'importe quel malheur pourrait nous arriver à ce désert si ce n'était la protection divine. Toutes les occasions nous étaient propices pour commettre n'importe quelles actions irresponsables. Nous étions tous abandonnés sans surveillance dans cet endroit très éloigné à la merci des assassins.

Voyant qu'elle ne pouvait pas maintenir ce genre de vie, ma mère avait abandonné l'endroit pour se retrouver à nouveau chez mon père qui était extrêment fâché et furieux. Et, le comportement de cette insouciante était: **"Si les gens meurent, pourquoi accorder d'importance à une machine qui est une chose".**

Mon père ne l'avait pas fait bon accueil cette fois. Et moi, toujours aveuglée, je prenais ce dernier à parti. Je m'étais montrée ouvertement antipatique. A chaque fois que l'on veut faire un pas en avant, elle vous contrarie en vous précipitant dans l'abîme. Elle vous met toujours des bâtons dans les roues. Pendant ce moment de folie, troublée j'ai été me réfugier chez ma marraine voyant que ma vie était en danger. Comme cette dernière est une couturière, pendant mon passage chez elle, j'avais profité pour apprendre le métier. A son départ pour les Etats-Unis, elle m'avait laissé sa machine à coudre en souvenir. Et mon père pour se venger, s'était emparé de cet appareil sans que je ne le sache et l'a vendu. Après tout, il avait raison. Je lui ai pardonné son acte. **Avec ma mère, nous serions tous des délinquants, des ratés, des rejets de la société.**

Pendant ses crises de folie, des fois ma mère alla chercher refuge chez une tante. Cette dernière avait toujours des problèmes avec sa fille infirmière qui se dressa en sa présence et l'injuria pour un rien. Elles étaient, mère et fille, comme deux coqs qui se chamaillaient et s'échangeaient des mots durs. Nous les enfants vivant dans cette basse-cour, étions les spectateurs. Une voisine, étant fatiguée avec ces scènes répugnantes, se mettait à entonner des chants de délivrance à chaque fois qu'elles rentraient en conflit. Pour leur montrer à quoi elles ressemblent, elle avait exposé à sa fenêtre un pot de chambre et un balai. Et si je devais parler du frère de cette cousine, il me faudrait écrire un autre livre. C'est ce qu'on appelle un mauvais plant, une mauvaise graine.

Cette grande tante nous abrita dans cette maison toujours en feu. Et mon coeur se cassa devant ces spectacles horribles. Le soir venu, n'ayant pas assez de logement pour tout le monde, nous étions tous entassés comme des sardines, couchés sur des nattes de paille pour passer la nuit. Voilà le genre de vie que je menais. Je me demandais encore une fois: **"Suis-je la fille de mon père et de ma mère? Ne suis-je pas une enfant d'adoption?** Parce que sa cousine infirmière avait adopté de l'hôpital une petite fille très malade, à qui elle avait sauvé la vie. Elle l'avait baptisée de son nom. Je pensais que je faisais aussi partie de cette même catégorie. Et, cette petite-là était victime de toutes les obcénités émanant de sa bouche. J'étais toujours pensive. Un rien me porta à pleurer.

Mais, c'est une malédiction que d'avoir une mère pareille! Il serait mieux que je sois tombée sur terre comme un coup de tonnerre. D'elle, je n'ai aucuns bons souvenirs. Je n'arrive pas à dire comme certains: **"Voilà ce que ma mère a réalisé pour moi"**. **"Ça est un héritage de ma mère"**. Tout ce qu'elle entreprenait, était pour me détruire d'une façon ou d'une autre. Et aveuglée, remplie de cet amour filial, je ne m'en étais pas rendue compte. Je n'arrivais pas à découvrir ses démoniaques manoeuvres, parce que **son nom, c'est "maman"**. Donc, je me suis laissée faire.

Je me souviens que mon père lui avait acheté trois jolis tissus avec lesquels elle s'était fait confectionner trois jolies robes. J'entends encore sa voix qui dit: **"Puisque le diable a reçu, il veut en recevoir toujours"**. Elle voulait recevoir davantage de mon père, et ne lui montra pas son appréciation. Ce comportement attira mon attention.

Sa cousine me raconta que mon père s'était procuré d'une portion de terre et lui avait construit une petite maison. Mais, elle l'a abondonnée prétendant qu'elle avait vu une couleuvre, (je me demande si c'était réel) qui rempait dans le plafond. Pour elle, ce reptile était un diable qui était venu visiter la maison. Quand on lui demanda: "Qu'as-tu fait de cette maison? Elle répond: "Je l'ai détruite" bonnement et simplement. "Comment as-tu fait pour la détruire?" –"J'ai utilisé mes mains". Et l'on se moquait de sa réponse. Quant à elle, elle s'en fout.

C'est ce qui fait que nous les enfants, nous ne détenons aucun héritage immobilier de nos parents. Si nous pensons visiter notre pays, nous devons demeurer à l'hôtel ou demander à quelqu'un la permission de nous loger. Nous devons travailler durement pour réaliser un projet qu'elle essaie aussi de détruire par tous les moyens. Si ce n'était la force du Tout-Puissant, aurais-je pu survivre?

Devenue grande, je me faisais le devoir de lui donner régulièrement l'argent de la semaine comme le faisait mon père. Je surveillais selon mes possibilités à ce que rien ne lui manquait. Une fois, après trois jours, l'argent était terminé. Alors étonnée, je me suis écriée: "Oh! L'argent est fini déjà!" C'était tout simplement une exclamation. Et ma mère de me répondre en imitant l'attitude de sa tante: "**Je vais te traîter comme ma tante traîtait sa fille**". Je lui ai répondu: "**Quel beau spectacle que tu veux imiter!**". C'était pour me dire, ne me posez pas de questions. A la vue de toute chose, je dois la fermer, je dois garder le silence. C'était en fait ce que j'avais observé pour éviter d'avoir des conflits avec elle. Quand quelque chose me déplaît, je reste boudée. C'est très souvent qu'elle m'appelle "Raymonde". Elle voyait surement en moi l'image de cette cousine arrogante. C'est de temps à autre elle ressasse son mauvais comportement avec elle, et se réjouit des épreuves que cette dernière a rencontrées dans sa vie, en faisant des comparaisons entre ses enfants et les siennes.

Fatiguée avec les conditions dans lesquelles je vivais, un jour pour unir mon père et ma mère, j'avais inventé un scénario. Pendant la prière du soir, je me suis jetée par terre, et je lui ai dit: "Le Seigneur m'a frappée, je n'ai pas pu résister à sa splendeur. Je viens d'avoir une vision". Je criais en pleurant, en sautant, en tourbillonnant, et en battant les mains: "**Béni soit l'Eternel, gloire à Jésus**" avec les yeux fermés et mes bras levés vers le ciel. J'ai dit à ma mère: " Je viens de voir le Seigneur qui te demande de retourner à ton mari sinon un malheur va t'arriver. Pour le réaliser, tu feras le tour du quartier sept fois comme lorsque Josué attaqua la ville de Jéricho. Et je devrais t'accompagner en chantant des cantiques de triomphe et de victoire". Cela a été fait. On n'avait pas fini de faire les sept tours que la pluie commença à tomber. C'est ainsi que par ce subterfuge, je les ai réunis. Mais, ne criez pas victoire aussi vite. Ce ne sera pas pour longtemps. C'est pour cela que ce n'est pas toutes les fois que quelqu'un de l'église vous raconte qu'il a eu une révélation qu'il faut y croire. Il le fait dans un but bien déterminé.

Je me suis mariée un samedi soir de Décembre, et notre parrain de noces, un homme appartenant à la haute société, riche et très connu nous avait offert sa maison de vacances située à des centaines de kilomètres en dehors de la ville pour notre lune de miel. Le lendemain, au petit jour, qui était venu frapper à notre porte? Ma mère. Que voulait-elle? Je n'ai aucune idée. Comme excuse, elle nous a dit que ma petite soeur depuis mon départ, pleurait en réclamant sa marraine. Donc, pour la rassurer et la consoler, elle lui a dit: " **Je vais visiter ta marraine pour toi**". Elle nous avait apporté une farce que nous avions délibérément jetée à la poubelle parce nous n'en avions réellement pas besoin. Notre parrain nous avait amplement fait des provisions pour huit jours. Le réfrigérateur était richement garni. Par gentillesse, nous l'avions bien reçue. Nous ne lui avions fait aucune remarque, mais nous étions à la fois étonnés et contrariés. Elle était partie en nous laissant un arrière goût à la bouche.

OOH! Si je pouvais lire sa pensée, à chaque fois qu'elle a des intentions erronées, je l'en empêcherais, mais malheureusement je ne détiens pas ce pouvoir.

Je ne dis pas que mon mari était une bonne personne connaissant ses problèmes de famille, mais les péripéties de mon mariage ont commencé le lendemain du jour quand ma mère s'était présentée dans cette maison. Les jours suivants, il m'avait adressé ce réproche, mais je ne savais quoi lui répondre. Et, c'était son principal problème avec moi, le fait que j'ai toujours la présence de mes parents physiquement à mes trousses. Ma mère, elle ne me lâcha d'une maille. Pour elle, c'était tout à fait normal. Je suis sa fille, sa possession. Mon mari était venu me ravir de ses mains. On raconte toujours que ce fait se produit quand il s'agit de la mère du garçon, mais pour mon cas, cela a été le contraire. **Ma vie, n'est-elle pas faite de contradictions?**

J'avais voulu me marier pendant l'été, fâchée ma mère s'y opposa en me disant: "**Tu ne peux pas te marier aussi tôt, parce que tu n'as encore rien réalisé pour moi et les enfants**". Elle me faisait des exigences.

Sans se soucier, elle s'attaque à votre conjoint pendant votre absence, et vous serez étonné de ses approches. Mon frère n'en a pas été exempt. Aprés son mariage, sa femme habitait aussi dans la même maison. Moi, je m'étais déjà établie aux pays de l'oncle Sam. Ma mère veut toujours avoir tout sous son contrôle. Elle ne vous laisse pas le temps de faire quoi que ce soi. Elle se réveilla toujours la première, et s'empressa à faire le nécessaire dans la maison. Elle veut que se soit elle qui fait la cuisine. En un mot, elle veut qu'elle vous soit en charge. Il me raconta que ma mère avait préparé un sandwich fait avec des oeufs qu'elle a présenté à sa femme. Cette dernière pour certaines raisons n'avait pas mangé le tout. Le reste, elle l'avait jeté à la poubelle. L'ayant aperçu, ma mère lui faisait des reproches en lui disant: "Mon fils travaille très dur pour vous procurer de quoi manger, et voilà que vous avez jeté le pain. Pouquoi ne l'avez-vous pas bourré dans votre anus? Et, sa femme vexée s'était mise à pleurer.

Un jour, mon fils de douze ans était venu me dire d'une façon très concernée: "Mommy, il nous faut prier pour mon oncle". "Pourquoi"? Rétorqué-je. "Grand mère m'a dit qu'il est maltraîté par sa femme". Je lui ai répondu: "Connais-tu sa femme?" Sa réponse était "Non". Alors fâchée, je lui ai fait savoir:" Ne répète pas comme un idiot ce que grand mère te raconte parce que moi non plus, je ne connais pas sa femme. J'ai été vers ma mère pour lui demander quelles sont ces histoires qu'elle raconte à mon fils? Voyant que j'avais découvert ses manèges, elle s'est enfuie de la maison. Donc, elle n'hésite pas d'utiliser même un enfant pourvu que ses maléfiques obsessions se réalisent.

Ce fut une pluie de tripotages et de médisances jetés sur nous et à laquelle elle faisait participer même les enfants qui ne comprenaient rien de ses approches. Toutes les congrégations qu'elle fréquentait, connaissaient la vie dans nos foyers. Sans penser aux conséquences de cette mauvaise habitude, elle utilisait tous les moyens possibles en son pouvoir.

Si mon père me m'avait pas violée, c'est parce qu'il est un bon papa. Ma mère dormait dans la même chambre que nous, sur un grand lit. Elle prenait toujours la place de devant comme pour nous protéger, et mon père dormait à part sur un lit qu'il avait placé à son petit atelier de travail. C'est là qu'il avait aussi déposé ses articles de cordonnerie. Un jour, ma mère m'avait demandé de changer de place avec elle. Ce que j'avais fait sans maugréer et sans arrière pensée. Je n'ai aucune idée de ce qui se passe entre eux pendant la nuit. Ce soir-là, j'ai senti une main qui me touchait. Je me suis réveillée en sursaut et en criant. C'était mon père qui était venu me toucher pensant que c'était sa femme. Elle avait agi ainsi parce qu'elle ne voulait pas faire le sexe avec mon père. Donc, ma mère m'avait exposée sans se soucier à l'inceste, sans scrupule et sans aucune valeur morale. **C'est moi le bouc émissaire qui doit être sacrifié pour le rachat des autres.**

J'ai eu à avoir affaire pendant un laps de temps à un homme qui fut un agent de sécurité. Ma mère a eu à jouer un grand rôle dans mon conflit avec cet homme qui m'avait menacé de son arme à feu si cela continue. Il travaillait pendant la nuit. Donc, il dormait pendant le jour. Tandis qu'il se reposa dans la chambre, avec violence ma mère a ouvert la porte, se tenant debout devant lui pour lui dire: "Ma fille est une personne qui travaille très dur. Ne pensez pas que vous allez dormir toute la journée sur son compte. Allez, secouez-vous, sortez, allez travailler! Vexé, cet homme était devenu rouge de rage à ces mots. Et, c'est moi qui ai eu à vivre ces moments critiques.

J'avais dit à ma mère: "J'ai quarante ans maintenant, tu

dois cesser d'intervenir dans mes affaires". Elle a eu à me répondre: "Je ne comprends pas ce que tu veux insinuer par ces paroles. Je suis ta mère et je le resterai quel que soit ton âge." Elle pensa me protéger en s'introduisant dans mes affaires, en prenant pour moi des décisions. Et, elle dérange tout. Cela ne s'était pas arrêté là. Elle a écrit à ses filles pour forger des histoires à ce sujet parce qu'elle ne voulait pas, comme toujours, que j'aie un compagnon. Elle n'aimait pas cet homme. Elle leur a raconté à sa façon mes mésaventures avec lui pour créer du tripotage.

Par ailleurs, entre frères et soeurs dans une famille, des fois il peut y avoir de petits conflits qui ne sont pas réellemeent graves parce que c'est entre nous que se lavent les linges sales. Faisant semblant de m'aider, ma mère donna toujours raison à mon frère, tout en se moquant sournoisement de moi. Elle créa ce qu'on peut appeller une sorte de zizanie. Elle rapporte à mon frère ce que je lui ai raconté de l'affaire, prend la réponse de mon frère, me la rapporte, et fait le va-et-vient pour envenimer la situation. C'est ce qu'on appelle inciter à la provocation dans le langage vernaculaire: "**faire ti du feu brulé**". Et, elle prend un malin plaisir à nous regarder nous chamailler. Quand je pense que c'est fini, il existe encore un froissement entre nous. Et mon frère qui a toujours des accès de colère se met à écraser et à briser tout sur son passage. C'était la terreur qui existait dans ma propre maison. Comme résultat, mon frère n'a aucun respect pour moi qui me suis sacrifiée pour contribuer à sa réussite dans la vie. Il est une personne impertinente qui n'hésite pas à me lancer n'importe quelle parole que cela me blesse ou non pourvu que ses désirs soient satisfaits. Il ne mâche pas ses mots. N'ayant jamais eu les mains sévères d'un père pour le discipliner, il n'a jamais eu d'égard pour personne à la maison non plus. Donc, je ne peux exercer aucune autorité sur lui, même si je suis son aînée de six ans et qu'il vit sous mon toit. Je ne suis qu'une soeur bonnement et simplement. Par conséquent, je suis sujet à être traîtée de n'importe quelle façon quelle que soit la situation. D'ailleurs, il ne prenait jamais conseil de personne. Ajouter à ma mère qui a créé une mauvaise réputation autour de moi, c'est la débandade.

Pour revenir encore à mon père, à un certain moment de la durée, fatigué et découragé il avait tout abandonné. La charge du foyer retomba sur moi. Il revenait à moi de m'occuper de ma mère avec mon frère et mes soeurs. J'étais une petite mère de famille alors que je n'avais que dix neuf ans à peine diplômée de l'Ecole Normale. J'étais comme la mère poule qui retient ses poussins sous ses ailes. Mon père chercha à refaire sa vie auprès d'une autre femme. Et de cet union, est conçu un demi-frère qui est juste son portrait. C'est pendant ce moment de lutte qu'il avait mis fin à ses misères très jeune à l'âge de cinquante et un ans.

Après certains comportements, certaines réflexions, certaines actions prises de sa part, j'ai fini par découvrir que celle à qui j'étais durement attachée, celle à qui je confiais tous mes secrets, ma confidence ne m'a jamais aimée, ou du moins ne m'a jamais acceptée telle que je suis. Elle ne faisait que m'utiliser à ses dépends. Comme déjà dit plus haut, je suis l'aînée d'une famille de quatre enfants. A l'âge de dix neuf ans, toutes les responsabilités de la famille retombèrent sur moi. Mon frère cadet, comme déjà dit, a vu le jour six ans après moi. J'ai de très bons souvenirs quand ma mère le portait parce que son ventre était extraordinairement gros. Ayant pris six ans avant de paraitre, j'étais l'unique enfant de la génération, par conséquent aimée et la choyée de tous.

Bien que j'eusse atteint mes cinq ans, le soir venu, c'était sur les genoux de ma mère que je voulais m'endormir. Et, je ressentais de son ventre les coups de pieds du bébé. Ma mère me disait: "Il te demande de te déplacer. Va dormir dans ton lit". Le jour de sa délivrance, je l'avais accompagnée dans le taxi qui l'emmenait à l'hôpital.

A la naissance du bébé, après lui avoir donné son bibe-ron, ma mère m'ordonna de boire le reste de la bouteille très souvent rempli de salive. Et, je le buvais. Dans mon pays, ce geste signifie: **"Vous devez vous soumettre à cette personne"**. Et plus tard, ils (ma mère et mon frère) ont travaillé mais sans réussir à cette fin. Ils ont oublié que selon la bible: **"Tous les aînés sont des bénis et des protégés de l'Eternel"**. Jamais mère n'est aussi insensée et méchante. Elle est tout aussi cruelle dans ses actions.

Ainsi, elle me suivait partout où je suis accompagnée de tous ses enfants de qui je devrais prendre soin. Ils étaient comme ma queue dont il m'était difficile de me séparer. Elle m'épiait et contrôlait toutes mes affaires. Bien que mariée, j'étais comme une enfant. J'étais confuse et déchirée entre l'amour de mon foyer que j'ai fondé et les responsabilités que ma mère me confia. Et c'était pour moi une obligation. Quand à la fin du mois, je recevais mon chèque de travail, l'argent devrait être partagé entre mon foyer que j'ai fondé et l'autre. Je ne savais que faire sinon que me soumettre à sa volonté.

Je me souviens qu'à un certain moment je devrais aller habiter avec ma belle soeur (soeur de mon mari). Ma mère et sa suite me suivaient aussi. Cette dernière avait dû aussi leur réserver une place dans sa maison. La porte était ainsi ouverte à ces gens-là pour me dérespecter. Ce fut un cas tout à fait inacceptable, mais pour moi c'était admissible. J'étais confuse. Ma vie est une contradiction. Ma vie est un enfer, et je ne savais comment m'y échapper. A la vue de toute chose, je dois fermer ma bouche si je ne veux pas être poignardée. Tout pour moi doit se faire à l'envers.

En l'année que j'avais pris le décision de me marier, j'étais frappée de la fièvre dingue. J'étais dans un si mauvais état que je pensais que j'allais mourir. Ma seule prière était de demander au Seigneur de ne pas me laisser partir aussi tôt parce que j'avais la responsabilité de mes frère et soeurs. Je voulais les voir tous réussir dans leur vie.

Dans la pensée de venir vivre aux USA, ma jeune soeur m'avait confié une grosse mallette remplie de fines lingeries très chères qui lui serviraient pour sa maison plus tard. Elle avait voulu que je place cette malle à un endroit sûre jusqu'à son arrivée. En se déplaçant pour aller papillonner, ma mère m'avait demandé de lui livrer la mallette. Quand je me suis opposée, elle m'a fait comprendre que ce sont les affaires de sa fille, de ne pas me placer entre elle et sa fille. Je ne vais pas me battre avec elle comme le faisait sa cousine avec sa mère. Elle était partie avec ces superbes lingeries. Et, elles ont toutes disparu. Elle a fait comprendre à ma soeur qu'on les a volées. C'est sa réponse, point final. Ma jeune soeur avait éprouvé du chagrin voyant que c'était une grande perte. Mais, elle n'y pouvait rien, le mal est déjà fait, et surtout c'est maman. Tout va bien. Il ne faut pas oublier que sa politique est de "détruire".

Un jour, je racontais mes mésaventures et mes déboires à un ami, et celui-ci éclaira ma lanterne en me disant: " Ta mère ne voulait pas que tu sois mariée et que tu fondes un foyer. Elle voulait être en charge de vous tous tout en restant dans la maison comme une resquilleuse. Ses enfants peuvent tous aller ailleurs faire n'importe quoi, et lui apporter des bébés qu'ils ramassent ici et là pourvu qu'ils lui apportent de l'argent. Et, elle sera dans la maison avec vous tous et avoir tout sur son contrôle. C'est pour cela qu'elle est tombée parfaitement d'accord avec ta soeur qui lui a apporté cinq enfants sans père, et qu'elle te crèe pas mal de problèmes". Après tout, je vois que cet ami m'a montré la pure vérité.

Les mêmes principes qu'elle avait appliqués contre notre père pour provoquer notre haine pour lui et augmenter notre amour pour elle, elle les a aussi appliqués à moi sa fille. Mes propres soeurs pour qui je me suis sacrifiée, ne m'aiment pas.

Ingrates et oubliant tout, je suis pour elles la bête noire. C'est ma mère qu'elles adorent. Cette dernière est réellement une experte dans ce qu'on appelle: "Le lavage de cerveau". Elle possède la faculté de manipuler quelqu'un pour assouvir ses désirs. Elle a même essayer ses principes à mon deuxième fils en lui racontant des histoires révoltantes à mon sujet. Un jour, ce dernier est venu à moi pour me dire : **"Tu es ma mère, et tu ne m'as rien appris. Ce sont des étrangers qui m'enseignent beaucoup de choses".** Elle s'est infiltrée dans tous les domaines pour m'éliminer, et me faire perdre mon influence même sur mon propre enfant. C'est comme si je n'existais pas. Je suis traîtée comme une imbécile qui ne sait rien. Donc, c'est à elle de prendre la commande.

Mon fils était troublé ne sachant qui obéir dans la maison. J'ai dû lui dire un jour: **"C'est moi ta mère, si tu as des ordres à recevoir, ils doivent venir de moi".** Avec toutes ces contraintes, il était sorti victime au collège d'un groupe d'amis qui se présentèrent comme des étudiants de la bible. C'est un genre de gang ayant l'apparence religieuse qui circule d'école en collège recruiter leurs proies. Ils savent qui aborder d'ailleurs.

Ce gang s'était présenté jusque chez moi pour me demander la permission d'aller étudier la bible avec lui. Mon fils m'a dit qu'ils l'ont emmené dans un endroit très éloigné qu'il ne connait pas, et il a eu à être plongé dans les eaux du baptême. Dans une maison vide, le groupe s'asseyait par terre pour partager du pizza, et méditer à longueur de journée. On lui a fait s'agenouiller sur un gravier chaud fait de cailloux pointus là où il y avait de grosses fourmis carnivores plein le sol. Et, ces insectes venimeux dévorèrent sa peau. D'après leurs dires, c'était pour l'expiation de ses péchés. On lui a fait comprendre qu'il est un grand coupable devant Dieu, et qu'il mérite d'être condammé à mort.

Comme une mère, j'observais le comportement de mon fils qui me paraissait bizarre. Ce groupe venait le chercher chaque Dimanche matin pour le retourner sur le tard dans la soirée. Si des fois, il rentre tard au cours de la semaine, la raison, c'est qu'il était avec eux. Cela avait attiré mon attention. Et, mon fils ne faisait que rentrer dans sa chambre et ferma la porte derrière lui. Il avait perdu son sourire. Son silence me porta à lui poser des questions. Alors, je lui avais interdit d'aller avec ce groupe l'un de ces dimanches. Ce garçon visiblement troublé m'avait demandé de sortir avec lui parce qu'il a quelque chose très importante à m'avouer. Nous avions été sur une place publique. C'est alors qu'il me conta ses mésaventures avec ce gang pour lequel il éprouve de la terreur cette fois. Il a failli perdre sa tête. Il me demanda de prier avec lui. Et, nous avions prié ensemble dans ce parc. Il avait peur d'aller à l'école pour ne pas les rencontrer. J'ai dû lui demander son horaire pour aller l'accompagner le matin, et aussi avoir un point de rencontre dans l'après midi à sa sortie.

Si je raconte cette mésaventure, c'est pour attirer l'attention des pères et mères de famille qui ont leurs enfants qui fréquentent l'école. Ces gangs n'attaquent pas seulement les écoles, mais les collèges et les universités également. Ils n'ont pas une apparence méchante. Ils se présentent sous n'importe quelle forme pour détruire vos progénitures pour lesquelles vous vous êtes tant sacrifiés. Il faut être vigilant. Je le répète encore: **"N'oubliez jamais d'invoquer le Dieu Tout Puissant pour vos enfants.** Même s'ils sont grands, ils ont besoin de vos prières. S'il le faut, imposez-les la main. **Car, c'est la bénédiction de l'Eternel qui enrichit.** La prière est un rempart de protection pour eux. C'est ainsi que mon fils a été délivrer de **"ces religieux malveillants".** Il y a beaucoup de parents innocents qui ont perdu leurs enfants de cette façon.

Je lui avais défendu de toucher le téléphone pour me laisser le temps de correspondre avec ces méchants. Le chef de cette association de bandits avait eu à me dire que moi aussi je dois me soumettre pour l'expiation de mes péchés. Je lui avais sévèrement menacé de le reporter à la police pour harrassement verbal s'il persistait à m'importuner au téléphone. Mais comme ces gens-là ne laissent jamais leur trace, j'avais dû demander à la compagnie d'interrompre le service. Et, plus tard, j'avais changé mon numéro.

Eduquer un enfant demande à ce que vous soyez alerte, brave et ferme dans vos décisions. Car, vous ne savez qui vous allez confronter et à qui vous aurez affaire. C'est tout le temps que mon fils témoigne, c'est grâce à sa maman qu'il avait eu raison de ce groupe de brigands, et s'en était débarrassé. Il était même allé dans une église pour avertir les jeunes du danger de ces gangs dans les établissements scolaires en leur contant ses mésaventures. Pères et mères de famille, soyez sur vos gardes.

Parfois, une fois rentré, vous ne pouvez en sortir. **Vos enfants sont des cadeaux du ciel. Protégez les!**

Dans la pensée d'améliorer ma situation financiaire, comme c'est moi qui dois répondre à tous mes besoins, par l'intermédiaire d'une amie, j'avais trouvé un emploi à deux heures de ma maison. Pour me faciliter la tâche, j'avais dû partager les jours de la semaine. Je passais les cinq jours de travail à l'endroit, et le week-end à la maison. Et, je partageais aussi les enfants. Chaque fin de semaine, je devais faire le trajet de deux heures à l'allée et au retour. J'avais pris le risque avec mon benjamin à cause de son jeune âge et son état de santé, en faisant tous les changements nécessaires regardant son école, son médecin, et j'en passe. Pensant qu'il était assez grand pour tenir le coup, mon autre fils, je l'avais laissé à la maison. Ce qui a été pour son malheur. Ignorant son état psychologique, cet enfant me téléphonait chaque jour en pleurant. Je ne savais pas trop pourquoi, il réclamait ma présence auprès de lui. Il n'arrivait pas à fonctionner normalement, et mon coeur se déchira. Ma vie n'est-elle pas faite de sacrifices?

J'avais pris une mauvaise décision en agissant sans réfléchir, parce que je voyais le salaire qui était très rémunérable. Mais ce salaire devrait être partagé entre la maison où j'habitais au travail et la mienne sans compter la fatigue que me causait le trajet d'aller-retour du week-end. Cela revenait au même. Et là où j'habitais ne me réservait pas l'accueil que j'espérais. J'ai été déçue. Oubliant que je suis une adulte, je devrais me soumettre comme une enfant en me conformant

aux principes exigés par la maîtresse de maison. Même pour
préparer mes repas, il m'était interdit d'aller à la cuisine pour
ne pas la salir. Pas de friture pour que la graisse ne recouvre le
plafond. Quand on fait la cuisine, il faut recouvrir tout le temps
la chaudière pour que la vapeur qui monte ne s'attache pas au
mur. C'est une dame qui a la phobie de la saleté. Je devrais me
contenter de ce qu'elle me sert. Et, il reignait dans la maison
un silence de cimetière que je n'arrivais pas à supporter. Car, je
suis très marquée par mon passé. Je ne peux pas entendre de la
musique langoureuse ou vivre dans une maison froide. Même
la nuit, pendant mon sommeil, il doit y avoir de la musique.
Sinon, je me réveillerai avec des angoisses. Elle me faisait partager une chambre avec une autre dame inconnue, et je n'étais
libre dans mes mouvements. Cette dernière était terriblement
fâchée parce que pendant la nuit, j'avais passé très fort un gaz
que je ne pouvais pas retenir. C'est l'un de mes défauts, je passe
des gaz très souvent. Mon coeur n'était pas de mise à supporter
cet atmosphère. Après avoir constaté que j'avais commis une
erreur, après deux mois sans mot dire, j'avais dû abandonner
cet emploi. Et les mauvaises langues qui ne connaissent pas ma
condition de vivre, me critiquent pour avoir agi ainsi. J'étais
la seule à connaitre les tourments de mon coeur. L'on se sent
si bien quand on vit libre, en paix et sans contrainte dans son
chez soi. On peut sans hésitation et aisément passer ses gaz à
n'importe quelle heure du jour ou de la nuit.

Sans connaitre votre situation, les autres ne font qu'une
seule chose: critiquer et médire comme s'ils sont les meilleurs.
Je me demande quelle serait leur réaction à ma place? Et,

j'éprouve du regret d'avoir délaisser ce pauvre garçon. C'est comme on dit dans le langage vernaculaire: **"Chercher la vie, détruiser la vie"**.

Pour revenir encore à ma mère, elle avait même pris l'initiative d'intervenir dans la vie privée de mon fils en lui cherchant une fille en mariage à mon insu alors que l'enfant poursuivait ses études. Ce qui pourrait gâcher son avenir. Et moi, sachant que c'est ma mère, j'ignorais tout. Je ne la voyais pas mijoter pareille chose. J'en avais aucun soupçon. Elle ne vous laisse jamais l'impression qu'elle va poser ou commettre un acte stupide par sa façon malicieuse d'agir. Je n'ai jamais eu en tête qu'elle serait contre moi parce je lui faisais confiance, et tout ce que je faisais était pour elle.

Elle n'est pas une personne patiente. Elle veut que tout se réalise tout de suite, et à sa façon. Le plus souvent, elle dérange le déroulement des choses. Et si cela n'a pas obtenu le résultat espéré, elle vous rend responsable. Pour me convaincre, elle m'avait dit un jour qu'elle n'a pas de défaut. Et, comme c'est ma mère, bien que cela me paraissait bizarre, comme une droguée, j'y croyais. J'admettais le fait. Alors que la bible nous dit: **"Si quelqu'un vous dit qu'il n'a jamais péché, il est un menteur. Il est du diable, car le diable est le plus grand des menteurs"**.

Après avoir perdu mon deuxième bébé, j'étais tombée dans une dépression profonde, et je souffrais d'insomnie. Pendant des mois, je passais des nuits entières sans fermer les yeux, et j'avais peur. Alors déprimée, j'avais demandé à ma mère de venir passer quelques jours avec moi pour pouvoir remonter la pente. Pendant l'une de ces nuits, elle m'a secouée pour me dire: "Réveille toi et prie dans ton coeur!" "Pourquoi?" Lui demandais-je. "Il y a un groupe de sorciers qui passent dans la rue. Ouvre tes oreilles, et tu entendras". "Je n'ai rien entendu". Répliquais-je. "N'as-tu pas entendu un coup de sifflet?" -"Non. Je n'ai rien entendu". J'écoutais attentivement le bruit en question. "Voilà, un coup de sifflet est parti maintenant", me dit-elle encore. "Le chef de cette société de démons est entrain de passer des ordres, en utilisant son sifflet". Alors toujours tranquillement, j'écoutais. Ayant découvert la provenance de ce chahut, je lui ai fait comprendre que c'est la cacophonie créée par les insectes et les reptiles dans leur concert nocturne dans les buissons. Alors étant habituée à les entendre chaque nuit, j'ignorais l'existence de ces bruits. C'est pour expliquer comment ma mère peut vous rendre fou avec son esprit imaginatif. Elle crèe une montagne de tout ce qui lui parait inexplicable, le transporte dans une drôle réalité et elle agit bizarrement en conséquence. Elle vit dans un autre monde.

Mon frère a failli sortir victime de ses stupides interventions. Ne voulant pas que nous soyons mariés pour fonder une famille, elle emploie tous les moyens en son pouvoir pour briser votre foyer. Etant une vedette de la radio, ce dernier flirtait avec beaucoup de filles. C'est ainsi qu'elle l'a entendu parler d'une de ces filles qu'il aimait bien qu'il soit marié et père de famille. Ma mère a cherché à savoir l'adresse de cette fille, et lui a envoyé une lettre pour lui expliquer comment elle l'admire, et c'est elle

qu'elle considère pour sa belle-fille. Et, ce qui est étrange, elle
ne connait même pas la fille en question. Et, d'après les dires
de mon frère, cette dernière souffre d'anémie falciforme. Il ne
faisait que s'amuser avec elle. J'ai été au courant de cette su-
percherie quand la lettre mal adressée a été retourner. Je l'ai
trouvée dans ma boîte à lettres. Ayant ouvert l'enveloppe, j'ai
découvert son contenu.

J'ai une camarade de classe que j'avais rencontrée ici. Nous
avions renouvelé notre amitié. Cette amie avait l'habitude de
venir chez moi, et je lui rendais la réciprocité. Ma mère a en-
couragé mon frère à aller courtiser cette fille dans le but de le
détourner de sa femme. Quand elle vous dit de faire quelque
chose, elle agit dans un but bien déterminé.

A l'église, elle a exposé la vie conjugale de mon frère
comme un problème. Elle réclamait des prières pour exiger
même le Bon Dieu à diviser ce foyer. Je lui avais demandé
un jour: "Mon frère est un homme marié et il a deux enfants
de sa femme, qu'adviendra-t-il de ses enfants, s'il laisse cette
dernière?" Pour elle, elle se chargera de ce job, et les enfants
seront mieux élevés. Elle ne sait pas ce qu'on appelle "**Avoir un
foyer et protéger ses fruits**" Elle avait agi ainsi parce qu'elle
n'aime pas la femme disant que cette socière veut faire du mal
à son fils. Donc, elle doit coûte que coûte faire quelque chose
pour se défaire de cette mégère, et "**protéger**" son fils qu'elle
considère comme un petit garçon. Elle était obsédée par une
seule pensée: "**Diviser le foyer**".

Sur l'invitation d'une amie, j'avais été en visite un Dimanche à son église accompagner de ma mère. Après le service, nous étions allées saluer le Pasteur. Pendant que nous nous entretenions avec ce dernier, ma mère commença à débobinner ses racontars. J'ai été embarrasser. J'ai dû l'arrêter brusquement en la présence de ce ministre qui me regarda avec les yeux étonnés. **Mais, c'est une maladie que de raconter ses affaires à quelqu'un que vous rencontrez pour la première fois!** Sur le chemin du retour, je lui avais fait ces sévères reprimandes: **"Si c'est de cette façon que tu agis, je ne t'emmenerai plus nulle part avec moi".** Pour elle, c'était tout à fait normal. Elle s'en fout. Si en ma présence, elle n'avait pas hésité à étaler ses palabres, je n'ai pas besoin d'expliqué ce qui aurait pu arriver en mon absence. C'était pour elle une obsession: "Raconter nos affaires privées aux autres". Elle réclamait des prières pour le foyer de mon frère. Pourquoi? Elle n'aime pas sa femme.

Je lui avais fait voir la différence qui existe entre mon oncle (frère de mon papa) et sa femme que ma mère traîta de "gens des mornes" parce qu'elle vient de la campagne. Je lui avais dit que cette femme que vous taxez de ce nom sait comment conjuguer avec son mari dans l'éducation de ses enfants. Elle était couturière, et c'est tout le temps qu'on la voyait assise devant sa machine à coudre. Des fois, quand elle porte un bébé, malgré la grosseur de son ventre, elle cousait très tard dans la nuit. Elle travaillait durement pour supporter son mari. Elle a eu six enfants de lui. Et tous, ils ont bien réussi dans leur vie. Ils sont tous des professionnels. Ils sont médecin, ingénieur, infirmière, technicien de laboratoire, radiologiste, secrétaire. Ma cousine qui travaille au

Consulat Américain est l'une de ses filles. **Ils ont été élever dans un foyer où la chaleur de l'amour régnait.** Il existait un climat d'entente entre elle (cette rustique) et son mari. Alors que vous, vous ne faîtes que prêcher la haine, et nous causer des ennuis.

Pour manifester à votre conjoint sa réprobation, elle profita toujours de votre absence pour l'attaquer. Et, vous serez surprise d'apprendre ses provocantes approches. Ce qu'elle vous rapporte suffit pour vous faire plonger sur cette personne à bras racourci, et la dévorer. Elle a sa façon à elle de vous convaincre avec son air innocent. Elle le fait si artistiquement que vous ne pouvez ne pas y croire. C'est ainsi qu'elle avait porté mon frère à frapper sa femme. Et toutes (mère et filles) se réjouissaient de cet acte. Même venue aux Etats-Unis, elle refusait de rentrer chez cette dame. Si par hazard elle vient, elle reste assise dans la voiture devant la porte. Pourquoi? Elle n'aime pas cette fille. C'est ce qui porte cette belle-fille à être toujours sur la défensive.

Comme déjà dit plus haut, je suis née d'une famille pauvre. Je n'ai pas honte de le dire. C'est pour montrer là où j'étais sorti pour aboutir à là où je suis, et devenir ce que je suis aujourd'hui. Les conditions créées par ma mère dans lesquelles nous vivions, rendait la pauvreté encore plus grande. Plus que l'on veut avancer pour prospérer, plus elle vous tire vers l'abîme. Elle est une personne à esprit terre à terre. Elle a peur de l'évolution.

Avec tout ce **lavage de cerveau**, ma soeur benjamine ignorant toutes mes péripéties du passé, parce qu'elle est née treize ans après moi, adopte les mêmes comportements, et veut appliquer sur moi, sa soeur aînée, les mêmes principes de sa mère dont elle est **une parfaite reproduction.** Elle prend la relève. Le terrain est si accessible, qu'elle se sent elle aussi capable de monter sur ses grands chevaux. **Il parait que je n'ai pas le droit de m'occuper de ma propre personne. Ma mission sur terre, est-elle une obligation de prendre soin d'eux?** Selon le Zodiaque, l'on dit que la plupart de ceux qui sont nés sous le signe du Cancer sont des scorpions qui piquent, paralysent, empoisonnent et tuent. Elle et sa mère sont nées sous ce même signe.

Après tant d'années de luttes et de déceptions, je me suis débattue comme un beau diable, et j'avais fini par obtenir à travers un second mariage un visa me permettant de rentrer aux Etats-Unis d'Amérique avec un seul but de les faire rentrer aussi au pays de l'Oncle Sam. Mon frère et mes soeurs, je les ai toujours en tête. Je veux qu'ils réussissent. Si je vois que je peux tirer profit d'une affaire, je n'hésiterais pas à les faire participer, en utilisant tous les moyens possibles en mon pouvoir. Mais pour se faire, ma mère ne doit pas y coopérer parce que ne comprenant rien à rien, elle dérange la recette. A chaque fois qu'elle prend part à quelque chose, c'est pour vous contrarier. Connaissant vos projets, elle prend toujours des initiatives sottes à votre insu. Et si cela ne marche pas comme déjà dit, elle vous rend responsable. C'est vraiment dingue. Elle est réellement une femme bête. Et, ce qui est délicat, c'est qu'elle ma mère. Je suis toujours surprise en apprenant ses stupides décisions prises sans me consulter. Elle prend toujours conseils auprès des autres à qui elle fait confiance, et à qui elle obéit aveuglement. Elle rejette toujours mes initiatives, et de ce fait elle les gâte. Elle ne collabore pas avec vous. Pour elle, c'est moi l'imbécile qui ne sait comment organiser les choses, ou du moins je suis contre les enfants, je ne veux pas les aider. Donc, il revient à elle d'entrer en action, et de faire "le nécessaire". Elle a mis cette idée dans la tête de mes soeurs, et les porte à adopter un genre d'attitude avec moi, comme elle l'avait fait pour notre père.

Revenons à mon projet de les faire voyager pour les USA. Par le biais d'un second mariage, je suis donc rentrée aux Etats-Unis. Selon les lois du pays, dans l'intention de les faire rentrer au plus vite, je devrais malheureusement passer par ma mère. C'est **ainsi que mon mari et moi, nous avions rempli toutes les formalités nécessaires pour la faire rentrer la première.**

Arrivée au pays, elle a pratiqué les mêmes principes qu'elle utilisait quand elle était dans son pays. D'ailleurs s'éloignant de ma maison, elle était devenue mon ennemie. Comme je l'avais voulu, elle était effectivement la première à rentrer. Cependant, elle devrait commettre une bêtise pour obtenir le visa. Tout a été soigneusement préparer pour elle à l'avance. La seule chose qu'elle devrait faire était de se présenter au Consulat avec son passeport pour l'obtention du visa. Arrivée devant l'édifice, elle n'a pas hésité à montrer son passeport et la forme d'immigration qui a été préalablement préparer par mon frère à l'un des racketteurs postés dans la rue. (Ces gens-là, comme on le sait, sont là pour gagner leur fric, c'est leur métier d'ailleurs.)

Donc ce racketteur lui a dit que la forme est mal remplie, il va lui faire avoir une autre qu'il allait lui-même parfaitement compléter pour elle. Idiote qu'elle est, ne voyant pas le truc de ce dernier, elle a détruit la forme qu'elle avait, pour adopter celle de cet imposteur. Et, chose bizarre, elle a emmené cet homme jusqu'à la maison dans le but de se faire payer par mon frère. Elle a failli perdre le visa.

Cet acte porta ce dernier à rentrer en une violente colère contre elle. Mais, elle ne se souciait de rien. Ce qui est fait, est déjà fait. C'est son attitude. Elle ne nous protège pas, pourvu que ses stupidités soient satisfaites. Après s'être fâché contre elle, nous lui pardonnons toujours. C'est notre mère, on ne peut l'avoir pour ennemi, bien que cela nous coûte. Elle est toujours à notre côté malgré tout.

Je pense que nous détenons, si je peux appeler cela défaut de notre père. Nous la tolérons. Et se sachant tolérée, elle fait n'importe quoi. Donc, tant bien que mal, elle était rentrée au pays. Et, elle habita chez moi.

Toujours dans un esprit de tolérance, je la laissais libre de faire ce qu'elle voulait. Comme elle est ma mère, je lui faisais confiance. Je mangeais tout ce qu'elle préparait. Et, j'ai l'impression parfois qu'elle ajoutait des substances étrangères dans les repas qu'elle me servait. A chaque fois que je m'approche de la cuisine, elle prend une attitude. Ne voulant pas qu'elle se fâche, je la laisse faire. C'est elle qui doit me dicter quoi faire.

Elle veut que ce soit elle qui vienne frapper à ma porte chaque matin pour me réveiller jusqu'au jour où énervée, je lui ai dit ce n'est pas le peine de venir frapper à la porte.

J'allais oublier de dire que pour l'honorer, sachant ses froissements à cause des actions de mon premier mari, je l'avais choisie pour être ma marraine de noces à mon second mariage. Mais, elle est une personne rancunière. Elle n'oublie jamais. Elle ne fait que ressasser continuellement les faits du passé pour m'importuner.

Elle s'occupait de mes enfants et particulièrement de mon bébé d'un an. Mais, ne pensez pas que cela va durer trop longtemps, parce qu'elle va trouver un motif pour s'enfuir. Comme une grand-mère, mes enfants l'aimaient. Et, elle profita de cette circonstance pour provoquer mêmes mes propres enfants à se tourner contre moi, en leur racontant de drôles histoires à mon sujet. D'ailleurs, c'est sa spécialité. Ainsi vivant toujours dans mon sein, et maintenant aux Etats-Unis, elle connait toutes mes affaires, tout ce qui se passe chez moi. Elle me traîtait comme si j'étais une petite fille.

Il y a une de mes relatifs qui a eu à me dire: "Sitôt que j'ai appris que ta mère est rentrée, et qu'elle habite chez toi, je me suis dit que tu ne vas plus vivre avec ton mari". Elle s'est construite ainsi une mauvaise réputation. Si elle fait quelque chose qui me déplaît, je ne dois rien lui dire. Sinon, elle se fâche, et se retire de la maison sans aucune forme de procès. C'est ainsi qu'elle s'impose. Donc, si vous ne voulez pas qu'elle s'en aille, vous devez accepter toutes ses âneries. C'est ainsi qu'elle avait laissé ma maison pour aller s'établir chez l'une des soeurs de l'église qu'elle fréquentait. Mais, ce ne sera pas pour long-temps. Comme déjà expliqué, elle trouvera toujours un motif pour prendre la fuite. Elle ne faisait que déambuler de porte en porte, d'église en église. Tout le monde la connait. Pour aller habiter chez ces gens-là, elle doit leur raconter une his-toire convaincante. A cause de cela, tous les frères et soeurs des églises qu'elle fréquentait, connaissent tous les secrets de mon foyer. Et, quand je vais lui rendre visite, ils me regardèrent avec un point d'interrogation. Un jour, l'une d'entre eux a eu à faire cette réflexion: "Mais, regardez-la, elle ressemble à une chrétienne!" A moi de rétorquer innocemment: "Comment, je ne suis pas une chrétienne?" Et, ma mère de répondre: "Tu as abandonné l'église. Maintenant, tu es une détraquée". Si elle avait fait cette réflexion, c'est d'après ce que ma mère lui a raconté à mon sujet. Mais comme cette dernière divaguait toujours, je n'avais pas accordé d'importance à ces paroles. Et toujours, comme le faisait notre père, je cherchais à savoir où elle s'est réfugiée pour la visiter. Quand je pense qu'elle est à l'adresse de ce frère ou cette soeur, elle a eu le temps de se déplacer. Pour elle, tout le monde a des défauts qu'elle n'arrive pas à supporter, ou bien ils sont des sorciers qui veulent son malheur. Elle fait toujours des songes terribles, ou bien elle est persécutée par qui? Je ne sais pas. Comme elle le faisait à notre père, je suis surprise de voir qu'un jour sans avertir elle retourne encore chez moi pour une raison quelconque. Et, je la recevais toujours comme le faisait mon misérable papa. Cela était devenu une habitude.

Les endroits qu'elle choisit pour habiter sont des maisons ignobles à plusieurs petites pièces que le propriétaire divise, et loue pièce par pièce pour avoir le plus de monde possible, pour pouvoir en tirer profit. C'est la promiscuité qui y sévit. Parfois, ces pièces ne sont séparées que par un morceau de plywood. Ce sont les endroits les plus reculés qu'elle choisit pour vivre. C'est à ces taudis sordides qu'elle se sent à l'aise. Au milieu de ces gens, elle se sent reine, et elle se gonfle. Quand nous venions la visiter, c'est avec fierté qu'elle nous présente à ses voisins. J'avais fermé mes yeux sur tout cela parce qu'elle est ma mère. C'est une situation à faire pleurer, mais hélas je n'y pouvais rien parce que j'aime ma mère, je ne veux pas l'abandonner. Elle est une personne qui se complait dans la misère et la médiocrité.

Ce qui est comique et triste à la fois, un jour elle était revenue chez moi me racontant que son voisin, l'attendait à la porte d'entrée, et en la voyant venir, il l'a baisée sur les lèvres en lui disant: "Nous avions tous les deux de grands enfants, nous pouvons nous entendre". Elle m'a dit qu'elle n'a pas pu dormir toute la nuit. Elle craignait que cet homme ne vienne ouvrir sa porte pendant la nuit pour la violer. Je lui avais répondu: "C'est ce qu'il aurait dû te faire, car tu es une personne impossible".

Ne pouvant plus la supporter, au dernier moment à son retour à la maison, mon père ne lui porta plus d'attention. Il ne lui a pas fait bon accueil. Il s'en était moqué au contraire. Il se mit plutôt à entonner une vieille rengaine qui dit: "Bling,

bling, bling! Où avais-je envoyé cette vagabonde? Bling, bling, bling! Où s'était-elle réfugiée? Bling, bling, bling! Pourquoi est-elle revenue? Si j'y vais moi-même, rien ne m'arriverait, je ferai des exploits parce que je suis fort et puissant. Ayayai! Hmmm! Dorothy s'est cognée le nez en tombant dans un trou. Bling, bling, blinding, bling". C'était à la fois triste et rigolo.

Ainsi comme mon père, fatiguée avec ses va-et-vient, j'ai parlé de ce problème à l'une de mes amies qui travaillait dans un hospice pour les vieillards. Et, elle m'a promis volontier son aide. Car la conduite de ma mère était laide, odieuse et honteuse aux yeux de mes enfants à qui elle racontait déjà des choses drôles à mon sujet. Et, des fois ils me demandèrent: **"Quel est le problème de grand-ma?"** Donc, j'avais décidé de la placer à un endroit sûr. C'est ainsi qu'après de très bonnes démarches, elle a été placer dans un hospice pour les vieillards là où elle pouvait se retrouver en toute sécurité avec des gens de son âge. Je pensais donc à son bien-être.

A cet établissement très propre et très accueillant, c'était une lutte pour qu'elle y reste. Elle se plaint de ses voisins qui la persécutent, qui lui expédient des mauvais esprits (zombi), qui brûlent des substances suffocantes qui l'empêchent de respirer la nuit, des choses invisibles viennent l'attaquer dans son sommeil, elle fait des songes terribles, elle voit de grosses araignées "imaginaires" qui rampent sur les fenêtres, elle envoie du chlorure sur ces insectes. Quand on rentre dans la maison, elle est remplie de l'odeur de ce liquide corrosif avec lequel, elle lavait même ses cheveux pour se purifier des mauvais esprits.

Il y avait sur le mur un grand tableau qui représentait une vue pittoresque de deux majestueux arbres géants dans une fôrest. Elle dit que le soir, ces arbres se transforment en des fées vêtues de longues robes éclatantes. Ces dernières se promènent et tourbillonnent au clair de lune.

Je lui avais dit que le jour où tu abandonneras cet appartement, je t'abandonnerai aussi. A son tour, elle prend une attitude de mépris, elle fait des grimaces avec sa figure en pinçant ses lèvres. Elle était même arrivée à se moquer de l'une de ses voisines en imitant sa façon de marcher. Elle cherchait querelle sournoisement. Vous serez toujours étonné de savoir ce qu'elle imagine, et ce qu'elle fait.

Mais, elle est chanceuse cette femme. Elle ne se rend pas compte et elle ne donne aucune importance à son bien-être. L'hospice qu'elle habite, est un petit paradis spécialement aménagé pour le confort des vieillards. C'est mon frère, le travailleur social. A cause de cela, elle est protégée. Elle est honorée de tous. Elle est au petit soin. Il ne lui manque de rien. Mon frère lui rend visite chaque jour, car c'est chez elle qu'il va prendre son lunch. Malgré tout, en plusieurs occasions, toujours animée par son esprit d'égarement, elle a tenté (naturellement avec l'aide et le conseil d'un imposteur) de soumettre une application pour un autre endroit pensant qu'elle serait mieux logée. L'administration est toujours au courant de ses activités qu'elle communique à mon frère, parce que toutes ces villas sont sous le contrôle d'un seul gouvernement. En lui rendant visite une fois, mon frère était étonné de voir qu'elle avait toutes ses affaires emballées. Elle était sur le point de quitter l'hospice.

Comme travailleur social, c'est mon frère qui fait la liaison entre l'administration et les habitants de cette villa. C'est lui qui par des notices, leur communique les rapports de tout ce qui concerne la marche des édifices. Pour l'édification de tous, ces notes sont écrites en trois langues. A chaque fois qu'elle en reçoit une, elle attend la visite de mon frère pour lui donner la signification de celles écrites en anglais. Il lui suffit de saisir un seul mot du texte pour élaborer la-dessus, malgré que mon frère ait beau lui expliquer en maintes fois que ces avis viennent de lui. Et ce qu'elle a en tête, reste durement attaché, parce qu'elle pense qu'on est entrain de la fourvoyer.

Je dois dire en passant que ce serait moi la détentrice de cet emploi si j'étais versée dans la langue espagnole. C'est moi qui dans un esprit d'amour, d'entente et de collaboration l'avais passée à mon frère.

Entre temps, il faut noter que pendant cette période, la loi du pays lui donnait le droit de voyager. C'est ainsi qu'en deux fois, elle s'était rendue à son pays natal visiter le reste de ses enfants. Mais, ces voyages à son pays d'origine, et les lettres qu'elle leur envoyait, étaient pour raconter des bobards à mes soeurs à mon sujet.

Ma mère a créé autour de moi la mauvaise réputation que je suis à cause de mon premier mari une malédiction qui est tombée sur la famille. Ce mari voulait non seulement m'anéantir, mais aussi tous les autres enfants. Par conséquent quelque soit ce que je fais, cela ne représente rien. Je n'ai aucune valeur à leurs yeux. Je suis une personne qui ne sait pas ce que je veux. Je ne commets que des bêtises surtout après mes mésaventures avec cet agent de sécurité. Donc, c'est à elle de prendre la commande en s'introduisant dans mes affaires pour "me protéger", et pour réaliser "ses projets". Elle ne voyait pas qu'elle était entrain de me détruire. Sur le tard, mes frère et soeurs venaient chez moi et faisaient semblant de vivre avec moi. Ce n'était que de la pure hypocrisie. Ils ne pouvaient pas me le dire ouvertement, mais ils me l'ont prouvé dans leurs actes. C'est comme si je suis une imbécile, ils viennent chez moi pour me prendre en charge. Elle leur raconta des histoires qui les portaient à nourrir de mauvaises pensées contre moi, tout en adoptant une attitude hostile, comme elle le faisait pour mon papa. Et, innocemment, mon coeur leur était ouvert, parce nous sommes tous de même sang. Je me posais parfois des questions concernant leurs attitudes. Je me demandais: "Pourquoi ils s'acharnent contre moi? Ma mère était seulement obsédée par sa fille à cinq enfants sans père. Elle a oublié que ce sont mes efforts qui l'ont permis de bénéficier de ces privilèges.

On sait que d'après la constitution des Etats-Unis, il faut résider pendant cinq années dans le pays avant de remplir une pétition pour devenir citoyen. Donc, ce faisant, il est plus facile de voir ses demandes agréées. C'est ainsi que j'attendais mes cinq ans pour faire la demande. Quand elle était rentrée, j'avais trois ans au pays. J'étais toujours en contact avec le service d'immigration par l'intermédiaire d'un agent à qui j'avais confié tous mes papiers. Mon seul but était de faire rentrer au pays mes soeurs restées là-bas. Mais pour que cela soit fait plus vite, je devrais malheureusement passer par la signature de ma mère. A six mois qui précédaient ma cinquième année, j'avais déjà soumis tous les papiers nécessaires au bureau d'immigration à l'idée que le temps que cela prendrait au service de travailler sur mes documents, j'aurais atteint les cinq ans demandés. Comme on le sait le processus est long. Mais pour moi, tout s'était accompli sans difficulté.

A une grande cérémonie patriotique, j'avais prêté serment, et suis devenue de ce fait **Citoyenne des Etats-Unis d'Amérique.** J'étais très fière. Tout de suite après mon admission, j'étais allée consulter l'agent qui m'a demandé le passeport de ma mère. Je dois relater que pour assister à cette cérémonie, comme je suis couturière, je m'avais confectionné une tenue tout à fait patriotique. J'étais vêtue du drapeau national. Même mes chaussures en avaient les trois couleurs. Ce fut pour moi un grand jour. Ma mère a eu à me demander: "Où as-tu trouvé cette tenue?" Tellement égarée et animée d'un esprit à l'envers, elle ne croyait plus à la capacité de sa fille. Cette question m'avait surprise. Je lui ai répondu: "Je l'ai confectionnée, comment?" Elle était confuse comme si elle ne s'attendait pas à me voir vêtue de cette façon. Elle agissait comme une étrangère qui ne me connait pas. Elle ne s'attendait pas à cette performance, et elle m'a regardée d'un air envieux en s'exclamant: "Oooh"!

EVELYNE NACIER

Quand on est un citoyen du pays, et qu'on fait une demande pour son père ou sa mère, on vous l'accorde dans six mois. C'était la loi. Et, ces parents-là deviennent automatiquement citoyens à leur tour. C'était aussi simple que cela. Plusieurs personnes ont profité et ont en bénéficié. Lorsqu'on passe une loi qui vous est favorable au département de l'immigration, il faut en profiter, parce que c'est tout le temps qu'on les change. D'autant plus que je travaillais comme secrétaire à un cabinet d'avocat d'immigration, je connaissais le processus en question. Donc, j'avais voulu utiliser ce procédé pour réussir le plus tôt que possible. Mais, j'avais oublié que pour réussir, ma mère ne devrait pas y participer, parce qu'elle ne comprend rien à rien, elle commet toutes les idioties que lui dictent son coeur, même si on lui donne des directives et des explications.

Elle choisit toujours la façon la plus compliquée pour résoudre un problème. Même pour ouvrir une boîte, au lieu d'utiliser l'ouvre boîte, elle se serre d'un couteau et d'un marteau. Elle ne sait jamais ou ne cherche pas à savoir comment ouvrir une simple porte. Avant de partir, je dois débloquer la serrure de la porte pour lui faciliter la tâche. C'est tout le temps que je lui répète :" Si la porte est fermée, que ferais-tu en cas d'incendie?

Alors, contente et satisfaite, pensant que j'allais réussir au plus vite, j'ai été lui demander son passeport réclamé par l'agent pour commencer les démarches. A mon grand étonnement, elle m'a répondu que le passeport n'est plus. J'ai eu un choc. Elle ne vous dit jamais clairement ce qui est arrivé. Elle vous donne des indices qui vous laissent à vous tracasser la tête ou à deviner. C'est alors que je me suis souvenue qu'elle était venue me le demander un jour.

Qu'a-t-elle fait de ce document? En se promenant de porte en porte, et racontant à tout le monde des histoires fausses à mon sujet, elle l'avait confié à un magouilleur qui lui a dit qu'il est capable de réaliser ce rêve pour elle vite et sans problème, comme elle l'avait précédemment fait devant le consulat à sa rentrée. Moi, ignorant tout, pensant que le passeport était égaré pendant ses incessantes flâneries, j'ai été demander conseil à un autre avocat d'immigration. J'ai eu honte d'adresser ce problème à l'avocat pour qui je travaillais. Ce dernier m'a chargée trois cents dollars pour chercher à obtenir une copie de la carte I-94 qui était attachée au passeport. Il m'a fait savoir que cette carte contient deux parties: l'une est attachée au document, et l'autre est retenue par le bureau d'immigration. L'avocat m'a fait comprendre que l'on pouvait se servir de cette carte pour résoudre ce problème, même si le passeport est perdu. Mais, cette démarche n'a pas réussi, parce qu'on n'a jamais pu retrouver l'autre partie de la carte, et le passeport a disparu. J'étais vexée à en mourir, et j'ai tout laissé tomber. Je me suis dit: "Pourquoi me suis-je tant dépensée pour obtenir ce résultat décevant? Pourquoi ma mère monte-t-elle toujours des barrières quand il s'agit de régler des choses sérieuses? Pourquoi toutes ces difficultés pour une chose aussi simple?" Puisque c'est dans cet inconnu qu'elle place sa confiance, c'est à ce magouilleur qu'elle obéit aveuglement, déçue, je l'ai laissée avec son paquet. Je m'en suis lavée les mains. Elle n'est pas une personne patiente. Elle veut que tout se réalise vite sans savoir comment s'y prendre. Elle accepte toutes les propositions des autres, et rejette les miennes. Pour elle, je suis une idiote animée de mauvais sentiments.

Je dois affirmer que tout cela s'était passé à mon insu parce qu'elle n'habitait pas chez moi. Elle était comme d'habitude entrain de papillonner. Si je devais porter attention ou donner d'importance à tout ce que faisait cette femme qu'on appelle "ma mère" j'aurais pu perdre la tête. Les actes qu'elle commet sont impensables. **C'est à ce moment que j'ai pris conscience des douleurs de mon pauvre père.** Et, je me suis dit en moi-même: **"Vous n'allez pas me faire subir le même sort qu'a eu mon malheureux papa".** Donc, j'ai adopté une attitude froide et passive à son endroit. Ce qui ne la plaisait pas, parce qu'elle a constaté qu'elle n'allait pas me faire marcher. Elle n'était non plus capable de tourner ma tête.

Pour se venger, elle a commencé par raconter à mes soeurs de fausses histoires contre moi. Des calomnies pullulaient sur mon dos. Elle leur disait que je n'ai pas l'intention de les faire rentrer aux Etats-Unis. Ne comptez pas sur Evelyne, elle ne va rien faire pour vous, elle ne vous aime pas. C'était comme si je vivais dans l'opulence, j'ai de l'argent, j'ai des moyens à ma disposition, mais par méchanceté ou par mauvaise foi, je refuse de les aider et je les ai oubliées. Donc, c'est elle qui se tue pour cette réalisation. Cela a porté mes soeurs à me détester, à nourrir de mauvaises pensées contre moi, et à développer un ressentiment, une sorte de répultion contre moi. Pour résultat, c'est elle qu'elles aiment. Elles gardent dans leur coeur un sentiment négatif à mon égard. C'est le même cas de mon père qui se répète. C'est ce qu'on appelle "Diviser pour reigner".

Le racketteur, pour gagner de l'argent, lui a réclamé deux milles dollars pour le travail. Donc, pour réaliser cette somme, sous la dictée de ses frères et soeurs de l'église qui l'aiment tant, on lui a conseillé d'aller travailler dans les champs. Elle se tua, car c'est un travail harrassant pour son âge. Un jour, prise au dépourvue, se voyant mourir parce que dépassée par les évènements, et écrasée sous le poids de ses excès, elle était venue chez moi, se jeta par terre et faisait des grimaces comme pour évoquer ma pitié. Elle était devenue toute noire, brûlée sous le soleil de plomb des champs. C'est alors que j'ai été au courant de ses activités imbéciles. Elle était venue me réclamer les $2,000.00 pour payer cet individu. Je lui ai dit calmement que je n'ai pas cette somme, où est ce qu'elle pense que je vais la trouver. Elle m'a rendu responsable du refus de l'aider dans la réalisation de "son projet". Quand elle a fini de se salir, elle veut que c'est moi qui la nettoie. A cause de cela, elle a fait savoir à ses filles de ne pas compter sur moi, car elles ne toucheront jamais le sol des Etats-Unis. C'est elle qui se tue pour elles. Ces mots sont tombés gravement, et ont sonné désagréablement dans le coeur de mes soeurs qui me témoignent automatiquement de l'antipathie. C'est un sentiment qui demeure jusqu'à nos jours. J'ai remarqué que si elles me parlent ou viennent chez moi, c'est hypocritement. Ma soeur benjamine me l'a manifesté. Il y a quelque chose qui lui ronge le coeur: "Evelyne, la cruelle". Et, elle prend sa revenge.

Selon cette faiseuse, lorsqu'on cite le nom d'Evelyne, c'est pour s'écrier: "**Iyak!**" **Quoi de bon a-t-elle réalisé? Elle ne commet que des bêtises cette vermine! Elle est sujet au mépris! Evelyne. Ahaa!** Je vivais innocemment avec eux sachant qu'ils sont mes proches, et combien que je suis sacrifiée, combien que je me suis dévouée pour eux. Je n'avais aucun soupçon qu'ils nourrissaient de l'aversion contre moi. **Cette aversion est créée par <u>ma propre mère</u>, celle qui m'a donné le jour.**

Je suis très contente de ce que ma mère ait pu réussir de cette drôle de façon d'un cas arraché de mes mains, et qu'elle a embrassé elle-même, parce que de nature, c'est ainsi qu'elle fonctionne. Mais, ne me jetez pas de blâmes. Je n'ai provoqué aucun dommage. Je n'ai causé du mal à personne.

Tellement imprégnée de ce lavage de cerveau, ma jeune soeur est allée même raconter ces histoires à ma belle-fille (femme de mon fils aîné). Ce qui l'a porté à ne pas me faire bon accueil en allant chez elle. Cela m'avait étonné parce qu'elle est une fille que j'aime. Nous entretenions toujours de bonnes relations, parce que n'ayant pas de fille, et étant la femme de mon fils, je la considérais comme la mienne. Elle a brusquement changé de comportement. J'ai constaté que c'est comme si elle venait d'être au courant d'une mauvaise nouvelle qu'elle garde à mon sujet. Ma jeune soeur lui rend visite assez souvent. Comme cette dernière, après maints accidents, a peur d'opérer une voiture, ma belle-fille passe tout le temps à son travail pour la conduire chez elle, et ma soeur en a profité pour lui vider son sac. Croyant être renseignée, ma belle-fille a eu une réaction négative envers moi.

Le choc que j'avais reçu d'elle (ma jeune soeur) me tracassait tellement que je cherchais un confident pour en faire part. Comme nous entretenions de bonnes relations, j'avais choisi ma belle-fille. J'étais surprise quand elle s'exclama: "Ces gens-là me disent qu'ils ignorent le problème qu'ils ont avec toi". C'est alors que j'ai fait la déduction que ma soeur avait l'habitude de lui raconter des bobards à mon sujet. Le Seigneur m'a fait don d'un esprit de discernement formidable. C'est Lui qui m'a inspirée d'en parler à ma belle-fille pour découvrir leurs malices cachées. Je suis toujours loin de leurs activités méchantes.

C'est une affaire de critiques à n'en plus finir. Il est plus que temps que ces histoires prennent fin. Il est plus que temps que finisse cette sourdine et éternelle zizanie. Cela ne fait qu'empoisonner l'existence, et vous empêche d'avancer. Tenir une zizanie à l'infini n'aboutit qu'à la haine. Je suis actuellement grand-mère, et mon fils aîné a trente huit ans. Quand est-ce que finiront mes tourments?

Par le truchement de sa femme, ces histoires sont tombées à l'oreille de ce fils jusqu'à New york. Sans me dire un mot, sans explication aucune, ce dernier a raccroché le téléphone, quand très enthousiasmée, j'avais voulu lui présenter mes souhaits au jour de son anniversaire. C'est une gifle reçue en plein visage.

Mon fils m'appelle toujours "**Mommy Voune #1**" Il a toujours beaucoup de considérations pour moi, parce que c'est tout le temps qu'il répète: "**Si je suis ce que je suis, c'est grâce à ma mère.**" Il a été pris aussi dans cette contagion de lavage de cerveau. Au début, j'avais remarqué qu'à chaque fois que je lui téléphonais, il ne répondait pas. Mais comme il a un répondeur, je lui laissais des messages qu'il ne retournait jamais. Je devais partir pour les Philipines pour assister au mariage de son frère, il ne m'a soufflé mot là-dessus bien que je lui laissais des messages. Ce qui me parassait étrange. Je lui avais envoyé des photos prises au pays, il est resté totalement indifférent. Je pensais qu'il avait une empêchement quelconque. Comme son anniversaire de naissance approchait, je m'étais dit que je me ratrapperai en cette occasion parce que je pense que pour lui c'est un jour spécial. C'est en raccrochant brusquement le téléphone sans mot dire, que j'ai senti qu'il y a un obstacle.

Votre langue chère soeurette a provoqué une réaction en chaine. Après avoir connu tant de déboires avec mon fils, pensez-vous que je prenne plaisir à me voir bousculer par lui? Mon coeur ne fait que se saigner. J'éprouve de profond chagrin parce que je ne voulais que votre bien. **J'ai toujours essayé d'être bonne avec vous tous.** Bien que j'aie eu l'occasion, je ne dis jamais du mal de vous. Mais de grâce, cessez donc de me détruire!

A cause de cela, j'ai perdu aussi toutes communications avec mes petits enfants que j'adore à mourir. Eux qui me procurent tant de joie. Pensez-vous que vous me rendez service en agissant ainsi dans le but de satisfaire vos désirs mesquins? Je suis blessée et désappointée en même temps. **Aah, la langue! Que ça brûle!** Mais, c'est réellement dur d'être ainsi traîté par ses siens! C'est une campagne de dénigrement qui provoque même mon propre enfant à se dresser contre moi, à cause de ma mère. Pourquoi toutes ces peines pour rien? Suis-je venue sur cette terre dans ce but?

Enfin, après deux années de complet silence, mon fils m'a écrit pour me dire: " **Il n'existerait jamais plus de litige entre moi et ma maman**". Et comme je l'avais deviné, il était submergé par des racontards que lui faisait sa femme à cause de tout ce que ma jeune soeur lui a raconté à mon sujet.

Pendant ses premiers jours d'arrivée, ne connaissant pas les routes, ma jeune soeur m'avait demandé de l'accompagner à une agence pour chercher du travail. Ce que j'avais fait comme toujours avec plaisir. J'avais voulu l'aider en lui montrant comment remplir la forme d'application. Elle me l'a refusé carrément comme pour me dire: "Ne vous introduisez pas dans mes affaires. Retirez-vous de moi.". J'étais restée perplexe devant cette étrange réaction, parce qu'étant une nouvelle venue, elle ne connaissait pas le procédé. Et, je suis, s'il vous plaît celle qui la conduite à ce bureau. N'est-ce pas contradictoire? C'est maintenant que j'ai compris que c'est une répultion qu'elle avait contre moi. Elle voulait me montrer qu'elle n'a pas besoin de moi pour obéir aux recommandations de sa mère.

Tous ces sacrifices entrepris n'étaient que pour sa fille mère de cinq enfants sans père. C'est elle, qu'elle supporte et tolère.

Pour elle, elles vont tout consentir. Et quant à cette dernière, elle ne se soucie de rien. Car sa soeur et sa mère se penchent sur elle et prennent soin d'elle. **Quel amour! Quel grand amour!**

Ma mère avait même tenté, à mon insu d'utiliser mon deuxième fils qu'elle a essayé de convaincre pour se marier à l'une des filles de cette soeur pour obtenir un visa d'entrer aux Etats-Unis. Ce qui pourrait causer des problèmes à l'enfant, et contrarier son avenir. Il n'y a pas longtemps que mon fils m'a fait cette confession. Elle n'était obsédée que par cette fille. Il y a toujours quelque chose que sournoisement, elle est entrain de manigancer pour elle, en utilisant tous les moyens en son pouvoir, sans se soucier des conséquences de ses actes, et c'est toujours moi qu'elle utilise. Qui donc est-elle cette fille-là? Une reine. Pour m'éliminer et réussir dans ses manigances, elle a même fait savoir à mes enfants: "C'est moi qui représente le Bon Dieu dans cette famille, il faut obéir a tout ce que je dis."

En fin de compte, après avoir tant traîné, ma mère a pu obtenir son statut de résidence, et elle était automatiquement éligible pour devenir citoyenne du pays. Ne voulant pas garder rancune, puisque j'avais la possibilité de le faire, ce fut à nouveau moi qui l'a présentée à une école spécialisée pour les vieillards, dans le but de lui faire passer son examen au bureau de l'immigration. Elle allait rencontrer encore un autre dilemme, elle ne sait même pas comment dire un simple "bonjour" en anglais.

Maintenant devenue citoyenne, elle a pu enfin appliquer pour ses filles qui soupiraient. Et malgré que ma mère soit au courant de l'évolution des démarches, chaque personne qu'elle rencontre dans un bureau quelconque, elle leur demanda comme une idiote: **"J'ai des enfants dans mon pays que je veux faire rentrer ici, pouvez-vous m'aider?** Sans connaitre les possibilités de ces gens qui la regardèrent d'un air étonné. Cela lui était devenu une folle et stupide obsession. (sa fille chérie mère de cinq enfants)

Je dois relater en passant que cette soeur-là a un fils qui allait boucler ses vingt et un ans. Par le truchement de ma cousine qui travaille aux Consulat Américain, nous étions très renseignés du déroulement de la situation. Il y avait une grande possibilité pour ce jeune homme de rentrer au pays avant d'atteindre l'âge majeure. Mais à cause du retard provoqué par ce brouhaha, il a perdu le visa. Ma cousine avait utilisé tous les moyens possibles, mais il était trop tard. Ce garçon serait le premier à obtenir son visa d'entrée, mais il est resté bloquer au pays à cause de l'entêtement et des décisions irréfléchies de ma mère.

Parlant de cette cousine qui travaille au Consulat, je tiens à rapporter qu'elle a joué un grand rôle dans l'obtention du visa de mes soeurs. Ce fut encore une autre montagne puisque pour faire rentrer sept personnes, il nous faudrait avoir un affidavit de support de $200,000.00. Ce qui était quasiment impossible d'obtenir. Ce fut elle encore qui avait pris l'initiative de demander faveurs au Consul. Avantages qui lui ont été accordés parce qu'elle travaille longtemps à ce bureau. Et, c'est ainsi que mes deux soeurs avec leurs enfants ont obtenu leur visa, et sont actuellement au pays de l'Oncle Sam. Même mon jeune frère pense aussi que c'est grâce à ses supports que ses soeurs sont parvenues à rentrer. Moi, je ne suis rien dans l'affaire. Ils veulent tous m'éliminer pour obtenir la gloire. Pourtant, ils sont tous dans l'erreur.

Bien que je connaissais la vérité, toujours pour leur faire plaisir, j'avais voulu les laisser avec leur conviction et leur croyance, puisque cela ne me dérange pas. Ce qui me porte à réagir, c'est quand ma jeune soeur s'est arrogée le droit de se dresser tangiblement contre moi au sujet de l'affaire. Se sentant si forte, elle s'est convertie en porte-parole des autres. On dit que les plus petits sont les plus terribles. Ils sont comme des virus qui détruisent. Donc, je dois l'arrêter avant que ces palabres ne prennent des proportions démesurées. Car, il n'y a rien qui soit attaché à quelqu'un que sa réputation. **Le livre des Proverbes nous dit que la réputation est préférable à de grandes richesses.** Lorsque la boue est envoyée sur une muraille propre, il faut la nettoyer tout de suite, sinon cette fortification restera sale et pour toujours à la vue de tous.

Mais, c'est bizarre! Je me suis vue dans l'obligation de prendre des mesures sévères contre mes propres proches à cause de leur malhonnêteté. Quand très contente, je pensais crier victoire, c'est alors qu'elle m'a manifesté des sentiments de réprobation à cause de tout ce que ma mère, leur a raconté, et qu'elle garde graver dans sa mémoire. Pour répéter après cette faiseuse, mes soeurs savent durement que c'est leur mère (une personne qui vit au dépend du gouvernement, et qui n'a aucune habilité en Anglais) qui a entrepris toutes les démarches pour les faire rentrer. Moi, je suis une méchante, je ne suis rien dans l'affaire. Je n'ai rien fait pour aboutir à ce résultat, parce que je ne voulais pas qu'elles rentrent. **Et, s'il vous plaît, qui avait entrepris les démarches pour faire rentrer maman? Il faut le crier à gorge déployée: "EVELYNE".** N'est-ce pas de l'absurdité et de l'imbécilité en même temps? C'est pour cela que je n'arrivais pas à comprendre leur attitude. Mais, sachant que je n'ai rien contre eux, je n'accordais pas d'importance à leur comportement. Elles chuchotaient de la méchanceté contre moi, alors que mon coeur leur était ouvert. Cela me rappelle l'histoire de Joseph et de ses frères dans la bible. Donc, toute la gloire revient à cette envieuse. Alors, qu'innocente, je suis contente de leur réussite.

TOUS, sans distinction, à leur arrivée, je m'étais toujours mise à leur disposition pour répondre selon mes possibilités à quelque soit leur besoin. Je leur étais un point de repère. Je leur servais de tremplin.

Pour le répéter, j'avais fini par découvrir cette manigance après un simple mot que ma jeune soeur m'avais lancé tout en me ridiculisant alors que j'affrontais un terrible moment avec mon jeune fils. Pour elle, c'est une punition qui m'était affligée. Je suis entrain de payer ce que je leur avais fait subir. Je les ai fait tellement souffrir, donc c'est à elle maintenant de se réjouir, en se riant de mon sort. Pour elle, c'était de la méchanceté de ma part, parce que je détenais les moyens, mais je refusais de les aider.

Après tant de sacrifices consentis, je suis devenue maintenant leur risée. Je suis devenue un sujet d'ironie. Elle attendait
l'occasion propice, le moment où je suis tombée dans un état
de faiblesse pour me le prouver. La réprobation était si forte
dans son coeur, qu'elle n'a pu résister une seconde pour vider
ce qui y était caché, ce qu'elle ressent, ce qu'elle avait envie
de dire depuis longtemps. Je te comprends parfaitement bien
chère soeurette.

Elle a même réveillé brusquement ma mémoire sur un fait
qui s'était produit depuis plus trente ans. Fait qu'elle ignore,
elle ne fait que le répéter, parce qu'elle n'avait que dix ans à
l'époque. Il est plus que temps que cette histoire prenne fin.
Vivre dans le passé vous tue, vous incommode et vous empêche
d'avancer. Car, "**Si quelqu'un est en Christ, il est une nouvelle créature. Les choses anciennes sont passées. Et voici
que toutes choses sont devenues nouvelles** pour répéter après
l'apôtre Paul. Quand le Seigneur nous demande de pardonner,
c'est pour que nous puissions vivre en paix et en harmonie les
uns avec les autres. **Car pardonner, c'est oublier.**

En agissant ainsi chère soeurette, tu ne fais pas preuve d'intelligence. Tu es plus que bornée. On peut facilement détecter
que j'étais l'objet d'une manigance pour ne pas dire un complot.
Alors, tu me fais peur. Tu étais trop prompte à parler. Donc,
tu es encore devenue celle qui l'a dévoilé. Tu l'as mis à découverte. Tu m'as permis de déceler dans quel basin d'eau puante
où j'étais entrain de me noyer. Tu es même incarserrée avec
les yeux bandés. Je ne savais pas tu étais tombée dans un état

aussi piteux. Tu cherches à retirer la paille que j'ai dans l'oeil, alors que ton horizon est obscurcie par la poutre qui t'aveugle. Aimes-tu ta façon de vivre? Ne vois-tu pas que l'on te marche sur le nez? A ton âge, je ne vois pas la récompense que tu bénéficies de ce comportement. Je ne pensais que tu aurais pris des dispositions pour me combattre. Franchement, je plainds ton sort. J'étais vexée à mourir de ton acte. Je n'aurais jamais imaginé que tu nourrissais des pensées méchantes contre moi ta grande soeur, ta protectrice, ta marraine, ta mère, **ta bienfaitrice.** Tu m'as complètement désappointée. **Je me sens perdue, dévastée, déçue.** Puisqu'il en est ainsi, tu ne me verras plus dans ton existence. Tu veux créer la guerre, moi je me retire, car je veux être un instrument de paix. Jésus-Christ a déclaré dans ses béatitudes: "Heureux ceux qui procurent la paix. Car, ils seront appelés Fils de Dieu". Et, le psalmiste nous dit de sa part: "Recherchez et poursuivez la paix!!!

Pour le répeter, tout cela est le résultat d'un lavage de cerveau artistiquement effectué par ma mère à ses dépends. Elle aussi comme ma mère est obsédée jusqu'à présent par cette soeur à six enfants sans père. Devrais-je payer les conséquences des inconséquences de l'autre? Quoi qu'il en soit, je n'ai jamais apporté mes fardeaux à quiconque. Je n'ai jamais tendu la main à personne. Je n'apporte pas mes responsabilités aux autres. J'ai toujours travaillé très dur pour gagner mon pain non seulement à la sueur de mon front, mais à celle de tout mon être. C'est réellement décevant et révoltant tout à la fois. Et, ça fait très mal. C'est comme disait Jésus dans la bible: "Il était venu chez les siens, mais les siens ne l'ont pas reçu" Il était trahi par son apôtre qui vivait dans son sein parce qu'il connaisssait toutes ses affaires. Alors, je me fais avec des étrangers. Quand Il était sur la terre, Il ne s'attacha à aucun parent, car bien qu'Il vivait avec eux, ils ne Le comprenaient pas. Lorsque ses disciples étaient venus Lui annoncer: "Voici ta mère et tes frères et soeurs te demandent. Il avait répliqué: "Qui est ma mère? Qui sont mes frères et mes soeurs? Ce sont ceux-là qui m'aiment, et qui font la volonté de mon Père Céleste. Et, observez s'il vous plaît sa façon de leur adresser.

Toujours dans un esprit d'amour et de collaboration, j'avais aussi une cousine qui vivait pas trop loin de chez moi. Bien que je connaissais sa conduite ignoble dans le passé, car ses parents et les miens (spécialement mon père) ne s'entendaient pas à cause de cela. Elle m'avait dit qu'elle a changé de vie parce qu'elle s'est repentie, et est actuellement une membre très active dans une église. Et, elle me l'avait prouvé en me choisissant pour être le témoin de ses noces avec un frère chrétien, en me présentant avec eux au local de l'officier d'état civil. Ainsi, elle avait gagné ma confiance. Elle m'avait suppliée de l'aider parce qu'elle est à la recherche du travail. Elle m'avait montré les certificats qu'elle détient. Et, je me suis dit: "Nous sommes maintenant des adultes. Il faut oublier les griefs qui existaient entre nos parents, et essayer de vivre ensemble".

Je travaillais à l'époque à une garderie d'enfants, et j'enseignais la classe de kindergarten. Pour l'encourager sur la bonne voie, je lui avais dit que je vais faire pour elle une demande auprès du directeur de l'établissement à la condition de ne pas dévoiler son identité, car on accepterait pas que des relatifs travaillent au même endroit. Poussée par la jalousie, et sa langue de vipère, elle est allée rapporter au directeur que je suis sa cousine dans le but de me faire perdre mon travail. A toutes les collègues, elle leur a fait savoir que je suis son aînée de dix ans, et c'était moi qui étais sa nourrice quand elle était bébé. Ce qui est absolument faux, car il y a seulement une différence d'une année entre nous, et surtout nos parents ne s'entendaient pas. Elle a falcifié son acte de naisance de dix années en moins. Elle leur dit encore que la bague qu'elle porte au doigt coûte $500.00. C'est un cadeau que je le lui ai offert à son mariage. Sans m'en rendre compte, des tripotages pullulaient sur mon dos. Et tout le monde me regardait suspect avec un point d'interrogation, et je me demandais pourquoi. Ce fut une longue, révoltante, mensongère, et vilaine histoire forgée. J'avais remarqué qu'à chaque fois je me rendais à la direction pour une chose quelconque, tout de suite, elle se déplaçait aussi, et j'étais surprise de la voir debout auprès de moi pour suivre et participer à ma conversation. Un jour, pendant mon déplacement, j'avais oublié quelque chose. Donc, je m'étais retournée. C'était pour la voir sur la pointe des pieds derrière moi. Surprise, elle a vite fait un demi tour, et s'est empressée pour rentrer dans sa classe. Cela avait attiré mon attention. Sans que je ne le sache, elle était entrain de m'épier. Elle prenait l'habitude de venir très tôt le matin, rentrait dans ma salle de classe, et fouillait dans mes tiroirs. Elle copiait mes horaires, et est allée les présenter avant moi au directeur pour lui dire voilà son plan de travail. A ses yeux, je suis une personne trop savante. Et, elle a fait savoir à tout le monde que j'ai des manières hautaines parce que je pense que je sais tout. C'est très souvent qu'elle venait me demander des conseils concernant la marche à suivre dans l'enseignement de ses petits. Elle se déplaçait et venait même jusque chez moi dans ce but. Ce que je faisais avec plaisir. Je lui passais aussi des livres pour l'aider.

A la graduation de mon deuxième fils, je l'avais invitée à assister à la cérémonie. Je devrais être aussi graduée après une année d'études au collège pour obtenir un degré en éducation infantile, elle y était conviée. J'ai voulu la faire participer à toutes les bonnes choses pour la pousser sur la bonne voie et aussi émousser son amour propre. Mais au contraire, cela avait excité sa jalousie. Ainsi envieuse et poussée par la jalousie, elle était devenue mon ennemie. Elle avait même interdit à ses élèves de s'approcher de ma classe, et de me saluer. Un jour, je l'ai vu saisir brutalement par l'épaule un petit de sa classe en le secouant violemment (un enfant de trois ans) du fait qu'il s'était approché de ma classe et m'avait appelée.

Elle était allée visiter son pays, et avait apporté en cadeau au directeur un objet artisanal qu'elle avait acheté au marché d'artisanat. Pour obtenir son appréciation, et pour se faire valoir, elle a eu à lui dire que cet objet est l'oeuvre de sa soeur. Ce qui est complètement faux. Et l'objet a été exposé sur le mur de la direction. Son étrange conduite attira mon attention. Quand j'ai fini par prendre connaissance de ses manoeuvres louches, j'étais devenue furieuse, et j'étais rentrée dans une violente colère contre elle. Ce qui m'a portée à dire en sa présence qui elle est, et comment elle a pu trouver ce travail à la garderie pour me protéger. Elle était restée avec la bouche béante, se voyant mise à découverte. Comme je suis toujours gentille avec elle, elle ne s'attendait pas à ce que je réagisse. Elle a dû ce jour-là prendre la fuite, et couverte de honte, elle n'est jamais revenue. Et, j'ai eu à recevoir des reproches de la direction pour les avoir tromper parce que le directeur croyait en tout ce qu'elle lui racontait. Par la suite, elle a fait savoir à tout le monde comment que je l'ai avilie en présence de tous à l'établissement. Et, malgré qu'elle eusse laisser la garderie, méchamment elle téléphonait mes collaboratrices de travail à leur maison pour faire marcher ses magouilles. Et ces dernières me faisaient parvenir à chaque fois ce qu'elle continue à leur raconter à mon sujet en leur expliquant combien qu'elle m'aime. Elle m'était devenue une persécution.

Voilà le résultat obtenu pour avoir un coeur sensible, compréhensible, compatissant et aimant. Elle ne racontait que des faussetés inventées. J'avais bien appris la leçon. Même quand elle vous dit un simple bonjour, il ne faut pas y croire, parce que derrière cette salutation se tient une malice cachée.

Si vous n'avez aucune connaissance dans cette discipline, je ne suis pas responsable chère madame. Je suis une institutrice de carrière, diplômée de l'Ecole Normale là où j'ai étudié la pédagogie qui est la science de l'Education des enfants; la méthodologie qui est l'art d'enseigner c'est-à-dire l'étude des règles, des principes et des techniques utilés dans l'enseignement; la psychologie de l'enfant depuis l'embryon jusqu'à l'âge de 18 ans. Cette science vous permet de comprendre le comportement d'un enfant. J'ai eu à former plusieurs générations d'élèves pendant plus de vingt et cinq ans. Et j'ai eu à profes-

ser dans les écoles les plus reconnues, et les plus renommées de mon pays. Il n'est pas donné à n'importe qui d'enseigner. L'enseignement demande que vous ayez des aptitudes, que vous faîtes des études approfondies en la matière, et que vous ayez une vie impeccable. Cela ne s'achète pas au marché public. Car, elle a en sa possession tous les diplômes de baccalauréat première et deuxième parties qu'elle s'est procurés frauduleusement en les achetant. Sa vie est le mensonge personnifié.

Après cette mésaventure, j'étais terriblement dévastée, et je m'étais sentie inconfortable. J'attendais la fin de l'année scolaire pour laisser la garderie après y avoir professer pendant neuf ans. Car après tant d'années de services, j'étais promue professeur en chef. J'étais allée travailler comme interprète pour les enfants de pays francophones afin de les aider à comprendre dans leur langage le système d'éducation du pays dans une école publique, et je faisais aussi la navette entre les parents de ces élèves et la direction.

La seule chose que je demande, c'est que l'on me laisse tranquille. Car, je ne cherche pas querelle, et je n'attaque personne. Après tant de misères, après tant d'outrages, je ne suis pas de mise à recevoir aucune autre attaque, ni des reproches, ni des injures de la part de qui que ce soi. Et, je ne l'accepterai pas tant que je vivrai. Je ne suis pas une enfant. Je suis actuellement âgée de soixante ans. Je ne voulais et ne cherchais que le bien de tous. J'en ai marre.

Je veux que le reste de ma vie soit le meilleur de ma vie.

CHAPITRE III

MON PÈRE

Mon père fut un très bon papa qui tourmenté par le comportement de sa femme, rejeta sur nous ses enfants sa colère et sa brûtalité. De ce fait, il fut passé aux dires de celle-là pour un homme violent et sans coeur. Il fut un beau garçon aux lèvres noires et épaisses qui encadrent de jolies dents blanches  et éclatantes. Son sourire attirait l'attention de beaucoup de femmes. Ce qui faisait de lui un coureur de jupes. Et les conditions créées par ma mère dans lesquelles il vivait, augmentaient ce vice. Charmant et affable, il avait toujours un mot d'encouragement pour ses clients à qui il donna un surnom. C'était sa façon de les capter. Il fut un cordonnier. Donc, des souliers, il ne m'en manquait pas, de toutes les couleurs et tous les modèles à la mode. Je me souviens qu'il me fabriquait pour aller à l'école des bottes lacées jusqu'à la cheville qu'il me faisait porter jusqu'à l'âge de dix ans en disant: "Je veux que ma fille ait de jolis pieds". Mais, pour le petit bout de temps passé en sa compagnie, la moindre chose l'irrita. Il était toujours armé de son fouet qui me faisait peur à mourir. "Prenez garde si vous ne voulez pas être victime". Il était soucieux de sa famille de qui il prenait soin de son mieux malgré les problèmes.

Il fut un chanteur à la voix tenor et jouait de la mandoline aux dires de ma mère. C'est pour cela quand il fait de la radio, il doit l'écouter très fort. Quand il a le coeur content, il accorda sa voix avec sa chanson préférée et dansa le Salsa comme s'il écriva sur le sol de ses pieds. Je prenais plaisir à le regarder et je prenais notes de ses mouvements. Au lieu de l'encourager et venir danser avec lui, ma mère le critiqua et lui demanda: "Pourquoi es-tu si content? Qu'est-ce qui se passe?" Il se faisait toujours remarquer le soir à sa sortie du travail parce qu'il rentra toujours à la maison en chantant. Et ma mère de lui reprocher: "Pourquoi chantez-vous? Etes-vous un jeune garçon pour agir ainsi?" Il était reprimandé et blâmé pour tout ce qu'il fait. Comme il fut cordonnier, en entrant au couloir, c'était pour entendre son marteau qui façonna le cuir servant à la confection de ces souliers, et il frappa son marteau au son de la musique. **Il aima la vie.**

Mon père ne pratiquait pas la religion. Il n'allait pas à l'église, mais il était un homme de foi. Il me raconta que bébé, j'étais une fois très malade. Malgré les médicaments que l'on m'administra, je ne pouvais être guérie. Alors, les mauvaises langues lui ont suggéré d'aller consulter un voyant pour savoir de quoi il en retourne. Et, il s'est dit en lui-même bien que je ne crois en ces genres de choses, mais ce n'est pas tout le temps qu'il faut faire la sourde oreille. Je suis maintenant père de famille.

Donc, il est allé voir ce soit disant illuminé qui lui a dit que la première personne qui se présentera chez toi demain matin, c'est le malfaiteur. Alors, il a préparé son bâton qu'il plaça devant la porte, et attendit le lendemain. Au petit jour, qui était venu frapper à la porte? Ce fut mon oncle-parrain, son petit frère qui revenant de la messe de quatre heures était passé le voir, en réclamant son café. Mon père dit qu'il fut des plus indignés. Il était prêt à rouer ce méchant de coups de bâton. Comme il ne croyait pas en ces histoires, cela l'a poussé à garder encore plus forte sa conviction et a affermi sa foi. De nombreuses personnes sont sorties de malheureuses victimes de "ces tabous".

Comme mon père, je me suis toujours mise en tête qu'aucun commun des mortels ne peut faire rien du mal ni à moi, ni à mes enfants. C'est là que réside ma force. Je ne dis pas que le mal n'existe pas. Loin de moi cette pensée, mais si Dieu est pour moi, qui sera contre moi? Quelqu'un peut me donner un poison ou utiliser un autre moyen pour me détruire la vie. Même là encore, Jésus-Christ nous dit: **"L'on vous donnera des breuvages mortels qui ne vous feront aucun mal"**. Alors, pourquoi m'inquiéter? Car le malin ne peut s'attaquer qu'à celui qui s'approche de lui. C'est la foi qui sauve et c'est cette même foi qui détruit aussi. Cela dépend d'où vous placez votre foi.

Ma petite soeur fut un bébé très maladif. Elle était née frêle et fragile. C'est tout le temps, qu'on devrait l'emmener chez le docteur. Mon père, une fois était allé participer au pélérinage de l'un de ces saints dans le but de sauver son foyer et prier pour sa fille malade. A son retour, il avait apporté une petite branche de feuilles qu'il a dit avoir arrachée au bord du chemin, sans savoir ses vertus, et il l'a donnée à ma mère. Il avait recommandé à cette dernière d'en faire une infusion pour son bébé. Ce qui a été fait. A partir de ce jour, ma petite soeur a été miraculeusement et complètement guérie. Visiblement, sa couleur a changé. Et jamais plus, ma mère ne l'emmenait visiter la clinique.

Quand mon père et ma mère vivaient ensemble, je me sentais en sécurité. Le soir avant d'aller se coucher, il faisait une prière et encensait les quatre coins de la maison. C'était comme un rempart qu'il mettait autour de l'édifice. Et, je mettais sentie bien et protégée. Les enfants sonts des trésors que le Bon Dieu vous a confiés. N'oubliez jamais d'adresser vos requêtes en leur faveur auprès du Seigneur en leur imposant les mains, même s'ils sont devenus adultes. Car, c'est la bénédiction de l'Eternel qui enrichit. Un bon père dans un foyer, est un héros aux yeux de ses enfants.

Quand il est joyeux, pour exprimer son amour à ma mère, il l'appela "Babou". Ce fut un surnom que j'aimais l'entendre prononcer. A chaque fois qu'il le répète, j'éprouvais une sensation de bonheur. Les enfants vivent heureux lorsque père et mère s'entendent. Mon petit nom à moi était "Vivine".

Mon père fut un dur travailleur qui se sacrifait pour l'éducation de ses enfants. Il travaillait pour un magasin de souliers de la ville. C'était chaque semaine qu'il devrait livrer des
douzaines de paires qu'il portrait sur son dos dans un gros
sac sous un soleil de plomb. C'est lui qui traçait les modèles
de ces chaussures. Et je prenais plaisir à le regarder avec une
tranchée très effilée couper ces patrons sur un papier spécial
avant de les retracer sur la peau qui devait servir à la confection de ces chaussures. C'était comme les pièces d'un jeu de
patience qu'il cousait ensemble sous les dents d'une machine
à grosse aiguille. Je crois que j'hérite ces aptitudes de lui parce
qu'étant couturière je sais inventer les modèles de robes que
je voulais porter en traçant les patrons d'abord sur du papier
avant de les porter sur le tissu. Ce que j'aimais à observer c'est
quand il enleva les chaussures des formes. Ce fut un genre de
grimace qu'il faisait avec sa figure par l'effort exercé pour ôter
les souliers. Comme un enfant, cette grimace m'amusait.

Il avait une fâcon très comique pour saluer ses amis quand
il les rencontre. Avec des accolades et poignées de mains, ils
se dirent l'un l'autre: "Biquili briqui, Bloc sou bloc, Djo sou
djo, Asco Pompier". C'était sûrement pour s'encourager en se
disant: " Restons à la lutte jusqu'au bout, prenons la vie comme
elle vient".

Je me souviens quand j'étais toute petite, mon père sait
aller se promener dans le quartier avec moi en me plaçant à
cheval sur ses épaules. Je mettais sentie heureuse. Des fois, je

refusais de marcher parce que je voulais qu'il me porta dans ses bras en passant les miens autour de son cou.

Encore, à une rentrée des classes, le prix de mes livres était très élevé. Sans se plaindre, il était allé à mon école et les avait achetés à crédit. Il avait signé pour les payer par plusieurs versements. Il savait que **l'instruction est un cadeau pour la vie à offrir à son enfant.** Si j'ai pu arriver à boucler mes études, c'est grâce à lui. **J'aimais mon père.** Mais, ma mère avec sa folie a tout gâché.

Il voulait lui exprimer son amour malgré tout. Ma mère n'a pas eu honte de nous raconter qu'un jour, mon père était venu s'asseoir tout près d'elle, et avait déposé ses pieds sur ses genoux. Comme une sauvage, elle les avait repoussés avec violence. Et depuis ce jour, il n'avait plus répété ce geste. Après tant de forfaits, il parait que des fois, sa conscience le lui reproche. Elle nous a aussi récemment avoué la raison pour laquelle elle avait perdu la soeur jumelle de mon frère c'est parce que malgré les douleurs et les poussées de l'enfantement qu'elle ressentait, elle était restée assise. Par conséquent en retenant ses poussées trop longtemps, elle a ettouffé le bébé. Et mon frère de lui dire: "J'ai été chanceux du fait que ce ne soit pas moi la victime".

Revenons encore à mon père. Il avait des clients qui venaient aussi à son atelier de travail pour service à la maison. Des fois, ces gens n'avaient pas assez d'argent, il leur donna crédit ou bien il les laissa partir en leur livrant les souliers avec le peu qu'ils ont. Comme son père (mon grand-père) s'appelait Edgar, on lui avait donné pour pseudonyme "Gaga". Il disait à ses clients: "Aujourd'hui, je suis "gaga". C'est comme pour leur dire: "Ne t'en fais pas, tu peux partir, je ne connais pas la valeur de l'argent, j'en ai pas besoin". Je suis un égaré. Aujourd'hui, c'est le jour de liquidation.

Le quartier où l'on habitait, l'eau potable se faisait rare. C'était avec peine que les gens se procuraient de ce précieux liquide. Les plus fortunés s'achetèrent des citernes qu'ils conservent dans des réservoirs construits spécialement à cet effet. Mais à quelques kilomètres de la maison, au carrefour, il y avait une fontaine qui jaillissait de ce liquide vital à longueur du jour et de la nuit. Les petites domestiques allaient et se battaient juste pour obtenir un simple seau. Il faut être vigilant et aggressif sinon vous n'allez rien emporter. Il y avait aussi des marchands ambulants qui en profitaient pour vendre l'eau à des prix exorbitants, et l'on doutait de sa provenance et de sa pureté.

Pour résoudre ce problème, mon père a eu une idée géniale. Il s'était acquéri de deux tonneaux et à la tombée de la nuit, quand tout le monde se jeta dans les bras de Morphée, il se rendait sur les lieux et en plusieurs reprises il remplissait ces tonneaux de cette boisson fraîche et limpide. Avec cette stratégie utilisée, de l'eau propre jamais ne nous manquait. Mon papa fut un bon père prévoyant et soucieux. Il voulait le bien-être de sa famille.

Quand son coeur est content, il nous réunissait autour de lui le soir et nous enchanta de ses contes de fée que nous écoutions attentivement. On se demanda est-ce bien ce papa qui nous faisait peur avec son fouet. Et, tout le monde se réjouissait avec lui. Pour nous amuser, il avait fabriqué un giganteste cerf-volant que l'on appelle "grandou" dans le langage vernaculaire. Ce colossal jouet était exposé à son atelier de travail. Et le Dimanche après midi, il nous réunissait pour lancer ce géant oiseau dans l'air.

C'était un plaisr d'entendre le grondement de ce majestique objet dans l'espace. Et tous les petits amis du quartier attirés par cet amusement venaient aussi pour goûter à ce moment agréable. Des fois, la force du cerf-volant nous empêchait de tenir la ficelle qui nous heurta les doigts et nous poussait aussi dans l'air. Mon père avait dû l'attacher solidement à un arbre pour nous permettre de jouir de cet instant délicieux. Il faut si peu pour être heureux!

Il était très connu et très aimé par les gens du quartier parce que la maison où nous habitions fut un héritage de son père. C'est dans cette maison qu'il avait pris naissance. Mais, ma mère n'aimait ni le quartier, ni la maison où elle vivait graduitement. Elle devrait créer des problèmes pour nous faire souffrir. Elle est une éternelle insatisfaite. C'est ce qui rendait mon père furieux et exerca sa frustration sur nous ne sachant comment résoudre ces incessants problèmes qui ne faisaient que se répéter sans attendre.

J'étais une fillette de treize ans quand pendant trois jours, j'avais une inexplicable atroce migraine. C'était comme des coups de bâtons que je recevais au milieu de ma tête. Me voyant accablée, mon père ne savait quoi faire pour me trouver un quelconque soulagement. Il me faisait des massages aux tempes avec de l'huile. Il me donnait à boire du thé. Il me faisait prendre des pillules. Je l'ai observé faire le va et vient, les mains à la mâchoire devant mon lit. Il était visiblement inquèt.

Après la naissance de mon premier bébé, un jour je lui avais fait une surprise en lui rendant visite avec lui. Il était fou de joie. Il ne savait comment se contenir en promenant l'enfant chez tous les voisins du quartier. Il s'exclama: "**Je suis grand-père, Je suis grand-père**". Et, il m'avait accompagnée jusqu'au taxi qui devait m'emmener chez moi. Je suis contente de l'avoir rendu heureux même pour une seule fois. Car il faut si peu pour être heureux.

Au début, ne pouvant trouver une explication aux comportements de ma mère, mon père tournait ses évasions en dérision. Et des fois, il décrivait ironiquement, sa façon de la voir détaler à toutes jambes comme une poursuivie. Ma mère ne se génait pas en écoutant ses piteuses histoires. Au contraire, elle se mettait à rire comme si c'était amusant. Elle ne s'en souciait guère. Elle n'éprouvait aucun regret. Elle agissait comme une enfant gâtée.

Au dernier moment, il répéta continuellement: "Je suis découragé, je suis découragé". Quand il marchait dans les rues, il conversait avec lui-même. Quelque chose lui rongeait le coeur. **Quelqu'un sensé ne formule jamais une expression sans raison.** C'était les blessures de son coeur qu'il exprimait. Fatigué, il pensa retomber sur ses deux pieds en refaisant sa vie. Il s'est choisi une autre femme.

A cette période, l'arrivée des chaussures étrangères sur le marché avait mis la cordonnerie locale en baisse. Il voulait gagner sa vie en changeant de métier. C'est ainsi qu'il voulait devenir chauffeur. En pratiquant avec un ami, par maladresse il avait heurté son bras à la porte d'un camion. Par négligence, la blessure a été infecter, et il a attrapé le tétanos. Transporté à l'hôpital où il avait passé une semaine, la maladie a eu raison de lui. Il était aussi même rumeur qu'il avait délibérément mis fin à ses jours pour échapper à ses peines. Et ma mère de s'écrier: "Oh, ce malheureux a bien fait de partir. Il avait pour son compte! Comme pour démontrer sa pitié. Il y avait de l'incohérence dans ses paroles. Visiblement, elle était troublée.

A l'époque, la médecine n'était pas aussi développée comme aujourd'hui. Le médecin qui le soignait avait déclaré que la meilleure solution était de procéder à un lavage du sang (dialysis). C'est un traîtement coûteux qui demanderait qu'il soit transporté à un hôpital à l'extérieur du pays car le sien n'était pas encore équipé de ce matériel. Donc, il a dû partir très jeune à l'âge de 51 ans.

Sur son lit de mort, il me confessa qu'il a un autre fils. Il m'avait demandé de ne pas l'abandonner parce que c'est notre sang. Je lui avais promis de faire de mon mieux depuis que j'ai les moyens. A l'époque, je portais mon troisième bébé, et j'étais en proie à de terribles difficultés dans mon foyer. Mais, c'est une promesse que je tiens à coeur.

CHAPITRE IV

MON FRÈRE

Ma famille compte quatre enfants: trois soeurs et un frère. C'est mon unique frère et je l'aime beaucoup. A cause de sa position, il est choyé, aimé et protégé de tous étant le seul garçon de la famille. Je suis son aînée de six ans. Mais excité par les comportements de ma mère, il pensait qu'il pouvait me supplanter. Dès son enfance, il montrait déjà son tempérament coléreux. Même avec ses jouets, si cela ne marche pas comme il le voulait, s'il ne comprend pas le mécanisme, il devient rouge de colère. Devenu adulte, je pensais qu'il allait changer. Non, il manifesta sa colère sur les gens et les objets de son entourage. Ainsi sans le savoir, il créa une atmosphère de terreur à ses côtés. Un rien l'irrite. C'est ainsi qu'il s'impose. Même au travail, c'est cette méthode qu'il emploie pour impressionner ses patrons. Et, il se réjouit en répétant comment il réussit dans sa façon de se comporter. Comme seul garçon, il pense qu'il sait tout parce que tout le monde l'admire et se tourne toujours vers lui. Très intelligent, il fut brillant à l'école malgré les tourments et les péripéties créés par notre mère. Et déjà à l'âge de douze ans, il avait fabriqué son premier appareil de radio que l'on appelait "radio corner". Il gagnait son petit argent en se faisant des clients à qui il vendait cés genres d'appareils. C'était sa passion. Petit, il manifesta cette tendance en découpant des photos d'appareil de radio qu'il exposa sur les murs de la maison. Il avait même frabriqué un qu'il avait offert en cadeau à mon père qui en était très fier.

Notre famille a produit des génies et il est l'un d'entre eux. C'est ainsi qu'à la fin de ses études secondaires, il était sorti lauréat aux examens de la langue espagnole et avait obtenu une bourse d'études lui permettant d'aller se perfectionner en Espagne où il avait étudié la philosophie et la linguistique. A son retour au pays, il pratiquait la langue en l'enseignant dans les lycées et collèges. Il fut un professeur fameux et reconnu de tous.

Il avait ainsi construit sa réputation parce que tout le monde cherchait à le connaitre et prendre contact avec lui. Il travaillait aussi à une station de radio très populaire et pour cause, il a eu à avoir contact avec de très grandes personnalités. Des coups de fil par ci, par là, des femmes de toutes catégories, de toutes classes sociales tombèrent à ses pieds. Il était au top de sa gloire. Ce qui a gonflé sa tête.

Il était devenu irrespectueux, impertinent, et insolent surtout avec les membres de sa famille pensant qu'il pouvait agir comme il veut, dire ce qu'il veut sans se soucier que cela les affecte ou non. Il lança des insanités même à sa mère quand il se fâche. Moi, malgré les mauvaises situations, cette dernière ne peut jamais affirmer que je me suis tenue un jour en sa présence pour la dérespecter. Le plus souvent pour vous montrer qu'il vous ignore, il se moque de vous ou se met à siffler en votre présence comme pour dire: "Vous perdez votre temps, je ne vous vois même pas voire vous entendre". Il a toujours tendance à sous estimer ou minimiser la capacité d'un autre ou vous traîter d'insensé.

A cause des évènements politiques qui se déroulaient au pays, tous les employés de cette radio avaient leur vie en danger. Il vivait même dans le maquis jusqu'à ce qu'il ait pu trouver le moyen de s'en échapper et s'était réfugié chez moi aux Etats Unis. J'étais contente de lui devenir une branche de secours car il était rentré avec des troubles psychologiques. Il sait se réveiller en sursaut pendant la nuit et poussait des cris pensant qu'il était poursuivi. C'était moi qui le calmais et le rassurais. Même dans les rues, il se surveillait. Ainsi, ayant la vie sauve, il a vécu huit ans dans ma maison et entreprenait des marches pour faire rentrer sa femme et ses enfants laissés derrière lui.

J'ai eu à l'aider en travaillant en conséquence. Je lui avais fait prendre contact avec le parrain de mon fils qui gratuitement lui a permis de trouver tous les documents nécessaires lui permettant de vivre légalement au pays. Son premier travail lui fut donné par l'une de mes amies. Pendant son séjour chez moi, connaissant ses obligations familiales, je ne lui avais réclamé rien de financier que seulement son service. Sachant ses problèmes, je le facilitais en le laissant faire ce qu'il voulait. Mais, il agissait comme un insensé. Etant devenu insolent, il n'avait pas hésité à me le manifester en me lançant n'importe quelle parole que cela me plaise ou non. C'est tout le temps qu'il rentrait dans des accès de colère, frappait et brisait tout ce qui se trouve à sa portée. Il pensait qu'il était unique et intouchable. Il faisait ce qu'il voulait sans se soucier de mes enfants. Il avait pris une position comme s'il est impeccable. Il est invulnérable. Personne ne peut lui parler, personne ne peut lui faire des remarques. Il faisait complète sourde-oreille à mes interventions. De ce fait, un climat de terreur régnait dans ma maison.

Si je ne l'avais pas chassé, c'est pour que les mauvaises langues ne me reprochent de l'avoir flanqué à la porte. Je subissais tout, en gardant le silence. Je me protégeais ainsi que mes enfants. Et ce fut pour mon malheur. Dans ma maison il s'était érigé en maître et seigneur et voulait me supplanter. Il me passait des ordres comme si j'étais un enfant sous ses commandements. Il avait oublié que c'est moi sa grande soeur qui l'avait hébergé et qu'il habite sous mon toit. J'étais une maîtresse de maison qui avait perdu son autorité sur sa propre maison. Il répétait que selon son signe du Zodiac, il est un chef, parce que tous les béliers le sont. Donc, il exerça son autorité de chef sur moi. Et comme il est mon frère, je m'étais laissée influencer. **Quelle aberration!**

Je me souviens que je devrais aller dans mon pays en mission d'aller lui ramaner son fils aîné. Il insistait à ce que je n'apporte rien pour les gens là-bas. Et, j'avais obéi. A mon arrivée, j'avais éprouvé de la tristesse devant la misère qui sévit dans le pays. J'étais émue devant les conditions dans lesquelles vivaient mes soeurs. Et, j'ai eu du regret. Il m'utilisait en agissant méchamment.

Son premier travail, disais-je, lui fut donné par l'une de mes amies. Ce n'était pas un travail prestigieux vue la position sociale qu'il occupait dans son pays, mais c'était décent tout de même parce qu'il travaillait pour le gouvernement. Quand on arrive aux USA, toutes les barrières sociales tombent avec la conception du pays. Cela lui permettait d'envoyer le peu qu'il soit pour prendre soin de sa famille laissée au pays. A cause de moi, il était devenu l'ami de cette dame au point qu'elle lui avait donné sa fille à nommer. Cette dernière avait trois filles. Le mari de cette amie lui avait aussi permis de trouver un emploi au même restaurant où il travaillait. Donc, il était accueili les bras ouverts dans cette famille. Le restaurant est l'un des plus grands reconnus du pays. Il était bien rémunéré. C'est là qu'il a appris à préparer des mets très spéciaux qu'il utilise à son tour chez lui. Il était arrivé même à ma mère de travailler chez cette dame qui l'avait choisie pour être la nourrice de son bébé. Et, il était aussi dans son plan de lui apprendre à conduire afin de lui passer son ancienne voiture pour emmener ses enfants à l'école. Elle voulait le bien de tout le monde.

Je ne sais ce qui s'était passé entre lui et cette dame, il a eu des attitudes hostiles à son endroit. Il a fait comprendre au mari que sa femme est une malpropre, la maison est trop sale, qu'elle le trompa et lui a conseillé de la frapper pour lui montrer qu'il est un homme. Ce que cet idiot avait fait. A cette époque c'était la violence qu'il prêchait et pratiquait. J'ai entendu de mes oreilles le mari de cette amie venir à la maison expliquer à mon frère comment il a donné une dure raclée à sa femme la nuit passée. La femme a eu tellement de problèmes à la suite de tous ces brouhahas qu'elle s'est suicidée laissant derrière elle ses trois filles en bas âge.

Ce fut un couple qui se chamaillait tout le temps. Socialement parlant, ils n'étaient pas de même acabi. La femme avait une éducation beaucoup plus élevée que le mari. Et celui-ci le plus souvent était battu par elle. Entre époux, cela ne me regarde pas. Je les ai connu menant leur vie de cette façon. Et ils se complairent en menant leur vie conjugale ainsi. Entre parenthèse, je dois dire qu'il existe des couples que pour exprimer leur amour l'un pour l'autre, ils doivent se heurter réciproquement pour se sentir bien. Ils s'entendent parfaitement après s'être querellés. **C'est ce qu'on appelle "un amour sauvage".**

J'avais fait la connaissance de cette dame à l'école où nous prenions les mêmes cours d'ordinateur. Aimable et affable, elle était l'âme de la classe. Son absence se faisait sentir. La classe était sans vie sans sa présence. Elle fut l'amie de tout le monde. Elle avait toujours une friandise quelconque à vous offrir. Elle n'ouvrait jamais la bouche sans dire "mon mari". Elle vous donna l'envie de lier connaissance avec ce mari. Elle disait la raison pour laquelle elle aime son mari tant, c'est qu'elle voit en lui une protection pour sa fille du premier lit parce que lui aussi a une fille de même âge. Et il lui préparait tout le temps de bons petits mets. Elle n'avait pas à s'inquiéter quand il s'agit de nourriture. A cette époque, le mari aimait sa femme tellement que pour lui prouver son amour, il lui avait offert une voiture flambant neuve pour son anniversaire de naissance. Et, elle n'avait pas hésité à me confier la clé de cette voiture neuve pour aller au travail lorsque j'avais des problèmes avec la mienne.

Mon frère a eu à dire à cet homme: "N'êtes-vous pas un homme pour vous laisser battre par votre femme? Vous devez vous faire respecter en montrant à cette femme qui vous êtes mon cher." Ainsi, il a commencé par battre sérieusement cette malheureuse. Et, le foyer commença aussi à se désagréger.

C'était une question de violence qu'il préchait et pratiquait. Il a conseillé à cet homme de refaire sa vie avec une autre femme pensant qu'il serait mieux traîté. Cette dernière elle aussi lui a manifesté son aggression en le battant quand cela lui plaît. Il cherchait à avoir un garçon. Mais cette deuxième femme après lui avoir apporté deux autres filles, l'a abandonné. Et voilà un foyer détruit, des enfants en bas âges délaissées sans mère, un veuf divorcé, et abandonné par sa femme. Il est le seul à être livré à lui-même avec ses chagrins. Il est le seul à avoir le coeur brisé à cause de votre mauvaise langue et la dureté de votre coeur.

Mon frère était rentré une fois à la maison pour dire combien il était content pour cet ami qui s'est divorcé et remarié à une autre femme qui est une infirmière. C'est le résultat de ses démarches. Et ...pourtant, et ...pourtant! Quand il a appris le sort de cet homme, il s'est écrié que ce dernier n'a pas de chance avec les femmes.

J'étais beaucoup frappée en apprenant la mort de cette amie et particulièrement la façon dont elle a mis fin à ses jours. Le jour de ses funérailles, mon frère a eu à me demander suspect: "Vas-tu participer à l'enterrement. Je lui ai répondu: "Pourquoi pas"? Je n'ai jamais eu de problème avec mon amie. Si problème existe, c'est vous la cause". Et, il n'était pas allé assister aux funérailles. C'était comme s'il existait quelque chose cachée entre eux.

Cette dame, je dois le témoigner, fut pour moi une bénédiction. C'est grâce à elle que j'avais pu acheter ma maison d'une façon très miraculeuse. Le Seigneur s'était servi d'elle pour me secourir. Quelqu'un pareil, vous devez lui être reconnaissant et chercher à la protéger. Elle était une personne compréhensible et très serviable. Elle voulait le bien de tous.

Parlant de cette maison, j'avais fait son acquisition grâce aux démarches de cette amie. J'habitais auparavant à un endroit réputé pour la drogue et les cambrioleurs. Comme je n'avais pas assez d'argent pour me payer le luxe de vivre dans une maison dans un bon quartier, j'avais accepté à y vivre jusqu'au Dimanche soir lorsque j'avais reçu la visite d'un ravisseur qui avait emporté tout ce qu'il pouvait pendant que je m'étais rendue à l'église avec mes enfants. Je remercie Dieu de ce que cela s'était produit pendant notre absence, car l'on ne sait ce qui pourrait arriver s'il y avait quelqu'un présent ce soir-là.

A mon retour, j'avais trouvé la porte de derrière brisée et arrachée avec le chambranle. J'avais appelé la police qui avait fait son apparition trois heures après. Il était venu m'apportant comme excuses qu'aujourd'hui c'est Dimanche, son déplacement a été très difficile. La vérité, c'est que dans ces mauvais quartiers, les policiers attendent toujours que tout revienne au calme avant d'intervenir parce que bien qu'ils soient des autorités, ils sont aussi des humains ayant une famille. Ils ne vont pas laisser un assassin prendre leur vie à cause de vous. Ils doivent se protéger. Et sur leur chemin d'arrivée ils font tellement de bruit avec leur sirène que le malfaiteur doit coûte que coûte s'y échapper. Il était venu juste pour faire le constat de mes pertes, et le rapporter. J'avais appelé aussi le propriétaire de la maison qui n'a fait que réparer la porte écrasée. J'ai eu de grandes frayeurs ce soir-là et je m'étais sentie seule..

J'ai été vexer de la réponse de ce policier. Après son départ, je me suis tournée vers mon Père Céleste. Et à genoux, je Lui ai raconté ma peine et mes appréhensions. En pleurant je Lui avais dit: "Seigneur faîtes que la prochaine maison où je vais habiter soit mienne, et qu'elle se trouve dans un bon quartier". Dans l'espace de six mois, ma prière a été exaucée. Dans sa compassion, Il répond aux cris de ses enfants en détresse. **"Demandez, et vous recevrez" dit le Seigneur.**

Dépourvue d'argent, mon téléphone a été disconnecter.

Prise de peur, je n'allais plus à l'école le soir. Cette amie portait un bébé, et avait des complications de grossesse. Son médecin lui avait recommandé de garder la chambre si elle veut avoir le bébé. Donc, j'avais perdu tout contact avec elle. Entre femmes, je lui avais fait part de ce malheur et mon appréhension. J'avais vu que la seule solution était de laisser le quartier. Bien que je n'aie pas un sou, par la foi, je lui avais dit que j'ai besoin d'acheter une maison. Elle m'a répondu qu'elle connait un bon courtier jamaicain. C'est par lui qu'elle avait obtenu sa maison, et qu'elle va lui en parler. Un jour pendant mon lunch, par télépathie, notre pensée s'était communiquée, et je lui ai donné un coup de fil de mon travail étant. L'appareil a résonné, et c'est elle qui cria au bout du fil: "**Evelyne, est-ce bien toi?**"- "Oui", j'ai répliqué. "Qu'est ce qu'il y a, pourquoi es-tu si surprise? Alors, reprenant son souffle, elle m'a expliqué: "J'ai perdu tout contact avec toi, parce que tu n'as pas de téléphone chez toi. Je ne sais par quel moyen te trouver. Alors, j'ai dit au Bon Dieu: **"Fais donc qu'Evelyne m'appelle"**. Au même instant, la sonnerie retentit, et c'est toi au bout du fil. Voilà pourquoi je suis si exaltée. **J'ai trouvé ta maison"**. Elle m'a donné le numéro de ce courtier que j'ai appelé sur le champ.

Ce dernier m'a expliqué que cette maison est restée fermée pendant près de six mois. Pour ne pas la perdre, son propriétaire a décidé de la donner à n'importe qui sans argent aucun. Il te suffit d'avoir seulement $400.00 pour couvrir les frais des documents légaux. **"C'est une aubaine!"** S'écriais-je. Et tout de suite, j'ai reconnu que c'est la main de mon Dieu qui agit. A mon patron, j'ai demandé l'emprunt qui a été tout de suite

agréer. Ce même jour, j'ai pris rendez-vous avec ce courtier
pour visiter la maison. Après mon travail, anxieuse j'ai été la
voir. L'ayant vue, j'ai dit: "**Je l'aime, et je vais l'habiter**". Il m'a
conduite au bureau de l'agent immobilier pour les suites nécessaires. Une amie d'enfance avait accepté volontier d'être mon
co-signer et mon cousin qui est un médecin à New York m'avait
fait un prêt de $800.00 pour couvrir les frais de closings. Et,
après six mois, me voici dans ma maison. Toutes les portes
m'ont été ouvertes. Ce fut à la fin d'un mois de Décembre.
Les gens me disent que c'est un cadeau de fête. Mais moi,
j'ai proclamé comme Elizabeth dans la bible: "**Le Seigneur a
fait pour moi de grandes choses! Gloire à son Nom**". J'avais
donné en cadeau tous les meubles que je possédais en disant:
"Si Le Seigneur m'a donné cette maison, Il me procurera aussi
de quoi l'embellir et la remplir. Et pièce par pièce, chaque mois,
à chaque fois qu'il me rentrait une petite somme, j'achetais
quelque chose de nouveau jusqu'à finir de la meubler.

Au début, la maison était démunie et je n'étais pas gênée.
Je me suis dit: "Si quelqu'un ne l'aime pas telle qu'elle est, qu'il
ne vienne me rendre visite ou qu'il me procure des meubles
nécessaires. Je n'ai de compte à rendre à personne". Le premier
jour que je suis rentrée dans mon nouvel habitat, mes enfants
et moi, nous pleurions de joie et de reconnaissance. Nous nous
sommes couchés à même le sol pour remercier le Seigneur.

J'ai vécu dans cette maison pendant dix-huit ans. J'y ai
connu des hauts et des bas. C'est là que j'ai élevé mes deux derniers garçons. Et quand, il était arrivé le moment de la laisser,

le Seigneur a encore fait son intervention en me faisant tirer un bon profit de la vente. La personne qui l'a achetée a eu à prononcer les mêmes paroles que j'avais prononcées en l'achetant: **"Je l'aime, et je vais l'habiter".** **Le Seigneur est ma lumière et mon salut. Je ne crains rien. Celui qui est gardé par Dieu est bien gardé. Je peux tout par le Christ qui me fortifie.**

A cause de mon frère, cette maison s'était transformée en une sale poubelle. Et je ne pouvais dire un mot. Il prenait un méchant plaisir à la malmener dans tout son aspect. C'était comme un fait délibéré puisqu'elle n'est pas la sienne. A chaque fois qu'il alla à la cuisine, je le sais. Il doit laisser des tâches de jus, de café, de sauce...etc par terre ou sur la table. Ses pieds prenaient ces tâches et les transportaient partout où il passait. La toilette, n'en parlons plus. Ce fut son champ de malpropreté. J'en avais deux: l'une attachée à ma chambre et l'autre desservait les deux autres chambres et les visiteurs. C'est de cette deuxième qu'il se servait ainsi que mes enfants. A chaque fois que l'on ouvrait la porte de cette toilette, c'était pour trouver une mèche de matière fécale bien couchée sur sa surface. Et des fois si dans votre empressement vous vous asseyez par mégarde, c'était pour vous trouver badigeonner. Je me suis complainte en lui faisant la remarque. Sa réponse était en se moquant de moi: **"Ah que c'est bon de se sentir débarrassé de cette façon. Lorsque je pousse, dans cette position j'éprouve une complète satisfaction. Cela me permet de bien déféquer".** Et, il s'en fout. Si négligemment il essuie le couvercle, quand on le soulève, c'était pour trouver des vers qui grouillent au dessous.

Mes enfants ne pouvant lui parler se plaignaient à moi parce qu'ils revenaient à eux de nettoyer ses malpropretés. Ce que j'ai dû faire, j'avais laissé la porte de ma chambre ouverte pour leur laisser l'utilisation de ma toilette. Donc, je lui avais livré cette deuxième qui avait l'intérieur décoloré, la couverture décollée tant qu'il s'accroupissait dessus pour faire ses "besoins". Si un visiteur venait chez moi et me demandait d'utiliser la toilette, je devrais courir au devant de lui pour l'introduire dans ma chambre en lui disant l'autre n'est pas de service.

Avec un ami mécanicien, je l'avais facilité en lui permettant de réparer des voitures dans la cour, car elle était très grande. A cause de cela, des huiles noires étaient déversées partout, sur la galerie, devant la porte d'entrée, dans la cour, à n'importe quel endroit où il se trouvait. On pouvait visiblement remarquer les empreintes noires de ses doigts partout sur les murs. Il ne choisissait pas un endroit fixe pour faire ces réparations. Des vieilles voitures étaient parquées çà et là. Et je ne pouvais rien lui dire parce que cela ne servirait à rien. Il fut arrivé un moment où j'avais honte d'emmener quelqu'un chez moi tant que la maison était sale et en mauvais état.

Comme, il se sentait à l'aise, il n'avait pas hésité à prendre un abonnement de revues pornographiques sans penser que j'ai des enfants à élever, et que je dois protéger leur âme. Il ne s'en souciait pas d'ailleurs. Ce ne sont pas les siens. Ces photos malsaines étaient exposées à leur vue. Et, à cause de

cela ils ont fait le sexe entre eux. Ils ont pratiqué ce qu'ils ont
vu dans ces livres orduriers.

Je me souviens que mon deuxième fils me disait: "Mommy,
ne laisse pas Covy rentrer dans la chambre de mon oncle".
Mais je n'avais pas compris pourquoi il me faisait ces recommendations. A leur découverte, je les avais jetés dans la cour,
et j'y avais mis le feu. Mais, il était trop tard car mes enfants
étaient déjà impestés, empoisonnés, intoxiqués par ces détri-
tus. Et, j'étais surprise de ce qu'il n'était pas venu me faire des
remontrances. N'est ce pas un acte méchant perpétré par vous
cher oncle? Vous à qui je faisais confiance et en qui je pensais
trouver une protection pour mes enfants?

Très souvent quand mon jeune fils montre de curieux comportements bizarres, me référant à ce qui s'était passé des larmes me montent aux yeux et je lui pardonne. Je me demande:
"Pourquoi prendre des sanctions contre un enfant qui a été
traumatisé?" Pensez-vous que cela ne me fait pas souffrir cher
frère? Je n'arrive pas à exercer comme je veux mon influence
sur mon fils pour ces affreuses raisons indépendantes de ma
volonté?

La voisine d'à côté avait décidé un jour de venir me rendre
visite. C'était pour la voir sans se gêner s'asseoir sur les genoux
de mon frère avec ses bras autour de son cou, en ma présence
et celle de mes enfants. Cet acte ne m'avait pas plue. Comme
il n'admettait pas que je lui fasse des reprimandes, j'ai dû sur
le tard traverser chez cette voisine pour expliquer à sa mère

l'attitude inaceptable de sa fille dans mon salon car j'ai des enfants à élever et ma maison doit être respectée. En apprenant la nouvelle, mon frère s'était fâché. Je lui ai fait comprendre que j'ai des enfants à élever et à protéger. Ne pouvant pas vous parler, je me suis addressée à la voisine, car me maison doit être respectée.

Enfin, quand l'heure était arrivée pour lui de partir pour sa maison, je m'en étais réjouie. Et, j'ai juré que désormais, je n'admettrais quelqu'un chez moi sous aucun prétexte. Si j'avais gardé le silence devant certains de ses actes, ce n'est pas que j'avais peur de lui. J'avais voulu être simplement un instrument de paix. **Car, Jésus-Christ, quand Il salua ses disciples, Il leur disait: "Que la paix soit avec vous".** Cependant, c'est moi qui ai eu à en souffrir.

CHAPITRE V

MA SOEUR

Après mon frère est venue une autre soeur qui a vu le jour deux ans après lui. Cette dernière est tout à fait différente de nous et en comportement et en tempérament. Comme c'est mon père qui choisissait le prénom de ses enfants, il lui avait donné à porter le sien. A cause des va et vient constamment répétés par ma mère, cette soeur a développé en elle un esprit vagabond parce que c'est très souvent que nous étions livrés à nous mêmes. C'est le Bon Dieu qui nous a protégés voyant que nous sommes des innocents.

Quand elle fut bébé, elle avait attrapé une gastro-entérite et était restée une semaine dans le coma avec ses yeux regardant le plafond. Elle a eu la vie sauve grâce à la cousine de ma mère, infirmière qui lui prodiguait des soins spéciaux à l'hôpital. Clopin clopan, elle se rendait à l'école quand elle voulait parce qu'on ne connaissait pas ses déplacements. Elle sait passer une journée entière en dehors de la maison. Personne n'a aucune idée d'où elle s'était réfugiée, et ce qu'elle faisait. A son retour, sachant qu'elle serait questionnée, et punie, elle se dissimula quelque part attendant que tout le monde se couche pour rentrer et aller dormir. Elle connait tous les coins de la ville. Et, elle est l'enfant préférée de ma mère qui la supporte et la tolère disant qu'il y a quelque chose qui cloche dans son esprit, parce que sa conduite est celle d'une folle. Mais, ma mère était au courant de toutes ses activités. Cette soeur n'est pas assez cultivée à cause de ses manquements à l'école. Donc, tant bien que mal, elle vivait avec nous dans la maison parce qu'elle est notre soeur. Son attitude la rendait comme une étrangère parmi nous. Franchement, étant toujours pré-occupée à autres choses, je ne la voyais pas dans la maison tant qu'elle était absente. Mais, elle existe.

Sa présence avait commencé à se faire sentir quand à l'âge de dix huit ans, elle était tombée enceinte. Et ce fut un drame et une antipathie qui se sont construits autour d'elle. Cela m'agaçait parce que vu les conditions dans lesquelles nous vivions, je ne pouvais pas prendre encore de nouvelles responsabilités. A cette époque, j'étais la seule à travailler pour subvenir à leurs besoins, et j'étais terriblement fâchée. Surtout j'avais mon propre foyer et mon fils aîné de qui prendre soin, un mari qui me tourmentait, je m'étais sentie perdue.

Trop de fardeaux sur mes frèles épaules, je ne pouvais en prendre davantage. Aidée de ma mère, elle avait laissé la maison. Sa situation s'envenimait. Ainsi partie, l'enfant est né, ce fut un garçon. Il y a une différence de dix mois entre ce bébé et mon troisième garçon. N'ayant pas les moyens pour prendre soin de l'enfant, elle était revenue chez moi sollicitant mon aide. Après avoir reçu une raclée d'injures de ma mère qui se dressa contre moi pour elle, je me suis dit que c'est un malheur, cela pourrait arriver à n'importe quelle jeune fille. C'est un enfant mâle. C'est notre sang. Il est de notre famille. On ne sait pas ce qui adviendra de lui demain. Il ne faut pas l'abandonner. J'ai fait un tas de réflexions. Alors, je l'avais admise encore avec son fils chez moi. Je lui avais donné toute la layette de mon bébé parce qu'à dix mois, il ne pouvait plus porter ces vêtements devenus trop petits. Elle s'en était servie même de ses biberons. Ce sont tous ces micmacs qui ont contribué à ce que mon fils ait attrapé cette gastro-entérite qui a failli partir avec sa vie. C'est ce genre d'odieux mélanges que ma maman ainsi que ma jeune soeur aiment parce que c'est tout le temps que cette dernière prêche l'unité de la famille. Pour elle, tout le monde doit vivre ensemble et se supporter de cette façon quelles que soient les conditions. Ainsi, ce petit garçon grandissait et participait avec tout le monde dans la vie de la maison. Mon frère et moi avions pris la décision de l'encadrer en le nommant. Ainsi, il est devenu notre filleul.

S'écriant la mariée est belle, cette soeur était venue nous annoncer qu'elle a trouvé du travail dans un hôpital. C'est un service de nuit, et qu'elle devrait porter le blanc comme une infirmière. Contente, j'avais une robe blanche que je lui ai passée, et le soir venu, elle prenait la route pour cet hôpital. Bien que j'aie trouvé cela bizarre, je me suis dit qu'elle pourra me soulager en gagnant un petit argent pour s'occuper de son bébé. Après deux semaines, elle nous a fait savoir qu'elle s'occupait d'un malade qui lui faisait peur. Ce dernier agissait comme un possédé du diable, et qu'elle n'a plus l'intention d'y retourner. Elle attendrait la fin du mois pour aller réclamer son salaire. Mais, un doute agaça mon esprit. Je me suis dit en moi-même: "Vous n'êtes pas une infirmière, comment une institution pareille aurait-elle pu vous donner une telle charge? Pourquoi ont-ils choisi la nuit? Un tas de questions suspectes submergent mon esprit. Comme elle attend la fin du mois pour recevoir son argent, attendons voir. Le moment arrivé, elle était rentrée avec deux dollars en main, expliquant qu'elle avait des dettes à payer, voilà ce qui lui reste de l'argent.

Sentant que c'était un mensonge, sans lui dire un mot, je me suis rendue sur les lieux enquérir des renseignements sur cette histoire. Alors, ils m'ont dit qu'ils ne savent rien de ce que je viens d'avancer. Rentrée à la maison, je lui ai demandé: "Pourquoi avez-vous menti?" Elle a juré en affirmant que c'est la pure vérité. Ces gens-là se sont trompés, et d'aller consulter le prêtre au presbytère de la paroisse parce qu'elle avait reçu une recommandation de ce dernier pour se présenter à l'hospice. Se sentant jouée, je n'avais pas insisté, et je lui ai dit: "La vérité vainc toujours le mensonge. Un jour, elle apparaitra à l'oeil nu comme la lumière du jour sans discussion. Car, il n'y a rien de cacher qui ne serait dévoilé". Et, j'ai tout laissé tomber. A ce moment, ont disparu de mon armoire $100.00 qui ne m'appartenaient même pas. Et comme toujours, j'accusais la bonne de cette perte. Il y avait des tâches noires qui étaient apparues sur toute sa peau, et la démangeaient. J'ai été prise aussi de cette contagion. J'avais dû avoir les soins d'un dermatologue.

Les jours se sont écoulés paisiblement mais vite. Ma soeur est une dame à la forme plate. J'avais remarqué qu'elle s'arrondissait. Sans arrière pensée, je me suis dit qu'elle est entrain de prendre du poids parce que d'ordinaire une femme gagne après avoir mis au monde un bébé. Un jour, elle est partie pour ne plus revenir. Alors inquiète, j'ai demandé à ma mère: "Où est-elle". Sa réponse était: "N'avez-vous pas remarqué qu'elle n'est pas normale?" C'est à ce moment que j'ai deviné ce qu'elle voulait insinuer par ces paroles, car elle ne vous donne jamais une complète explication. Et mon frère d'ajouter: "Elle n'a pas grossi, elle est engrossie". J'étais surprise. Cela a été le résultat de ces services de nuit rendus à "**cet hôpital**". Et, c'est tout le temps que mes affaires continuent à disparaitre. J'ai perdu ma montre- bracelet, j'ai perdu ma bague de mariée. Je ne m'étais jamais mis en tête que c'était ma mère qui en était la cause parce qu'elle m'encourageait à accuser la bonne. Elle s'accaparait de mes affaires pour prendre soin cette fille-là.

Encore, après avoir mis au monde ce bébé, une petite fille cette fois, ma soeur était enflée de la tête au pied à cause de la malnutrition pendant la grossesse. Sous la dictée de sa mère assurément, elle était revenue chez moi avec le bébé en me disant: "Veux-tu m'accepter une fois encore chez toi rien que pour avoir de quoi manger? Tu n'auras pas besoin de bonne. Je serai une pour toi." Et mon coeur se déchira parce qu'elle est ma soeur. C'est ainsi qu'elle avait augmenté mon fardeau en apportant une nouvelle enfant dans la maison. Et, je ne sais où elle était allée ramasser cette petite qui est née avec deux dents comme un vampire.

Plus tard, elle a raconté à ses enfants comment je m'étais servie d'elle comme ma bonne en lui faisant travailler sans lui payer. Je lui avais donné à lessiver une cuvette d'habits alors qu'elle était malade. Paroles qu'elle répète continuellement pour montrer combien que j'ai été cruelle avec elle. Et ma jeune soeur, pendant que je lui parlais un jour, (elle était hors du sujet, parce que nous ne discussions pas de pareille chose) a lancé ces propos qui la dominaient. Elle les a prononcés pendant que je traversais l'un des moments des plus terribles avec mon jeune fils. C'était pour me faire sentir que c'est une punition que Dieu m'infligeait pour avoir maltraîté sa soeur. Alors, c'est leur tour de se réjouir et me remettre la balle. Tellement ascendée par ce que ma mère et cette soeur lui ont raconté, elle a eu à me dire tout en se moquant: "Ma soeur m'a dit que tu lui avais fait travailler chez toi sans lui payer, alors qu'elle était malade". J'ai été choquée. Elle a voulu me surprendre pour me faire sentir ses appréhensions pour sa soeur bien-aimée. Elle devrait coûte que coûte saisir une occasion pour avancer ce qu'elle a en tête.

Cette affaire s'était passée il y a plus de trente ans. Pour moi, c'est une chose oubliée. Elle a voulu réveiller ma mémoire là dessus. C'est alors que je me suis souvenue qu'elle m'avait demandé dans le passé de venir travailler chez moi après avoir mis au monde sa fille. Et, c'était elle, qui était venue avec cette histoire de bonne. Nul ne la considérait comme telle. Je ne pensais pas qu'elle s'attendait à recevoir de l'argent de moi après avoir augmenté ma misère en apportant ses deux enfants avec elle dans la maison. Je pensais que c'était une entrée en matière pour pouvoir à nouveau venir s'établir chez moi, en prononçant ces paroles. Et, elle répète cette histoire qui est totalement absurde incessamment à ses enfants pour les porter à me haïr.

Elle raconte aussi que je l'avais chassée de la maison. Ce qui est absolument faux parce qu'à chaque fois qu'elle se voit enceinte, se sentant gênée, elle est celle qui se retire sans bruit de la maison. C'est naturellement pour justifier son infecte conduite et dissiper son mauvais comportement à ses enfants. Je n'ai jamais eu aucun soupçon de leur part jusqu'au jour où ma jeune soeur a fait cette réflexion. Je me sens dévastée pour avoir sacrifié tout mon existence pour leur bien-être, d'avoir négligé et fait souffrir les enfants de mes entrailles, de me voir dérober. Et voilà ce que je reçois en récompense. Cela ne fait qu'accroître ma dépression, car je ne sais quel nom donner à cette histoire sourdine.

Ainsi, elle continuait à s'amuser avec tous les garçons du quartier partout où elle habite, quel que soit le garçon, sans distinction. C'était le sexe à gogo à prix gratuit. Elle mettait au monde des enfants sans crier gare. Pour répéter après feu Maurice Sixto, elle fut cette Lili à la Fouque Chaude. Il parait que sa mère avait semé trop de sucre sur sa partie privée. Je ne dis pas qu'elle ne devrait pas mettre des bébés au monde, mais mon Dieu, choisissez le père de vos enfants. N'apportez pas votre charge aux autres. Elle a un fils dont elle ne connait même pas sa provenance. Et pour tromper notre vigilance, elle a donné à ce garçon à porter le prénom de notre père. Pensez-vous que cela me fait plaisir? Je ne sais quelle serait la réaction de ce dernier dans cette situation. Je connais une dame qui a eu cinq enfants pour cinq différents pères, mais ils sont tous médecin, professeur, colonel, agronome, ingénieur, des gens qui ont un nom et qui ont de l'argent pour l'aider. Ils ne sont pas des va-nu-pieds. Cette dame n'a jamais eu de manquements parce qu'elle a toujours de quoi subvenir aux besoins de ses enfants. Et, elle n'était sous la dépendance de personne. Je ne parle jamais de cette soeur parce qu'elle est une honte pour la famille. Son comportement m'énerve. Avec mes fréquentations, nous avons des relations capitalement opposées. C'est un fardeau que je porte sans soupir.

Elle a eu à se coucher avec un salaud qui se promenait tout le temps dans le quartier, les mains vides, traînant à ses pieds tout sales des "sapates". La femme de ce dernier est une petite malheureuse qui chaque matin s'asseyait devant la barrière d'entrée avec sa "boquite" d'accassan à vendre. C'est elle qui s'occupait de son mari et de ses trois enfants. Cet homme était pour moi une quantité plus que négligeable. Il était la dernière personne à qui je me serais adressée. Et pour ce misérable, tenez-vous bien, elle a mis au monde un enfant.

Ce n'est pas que je veuille avilir ma soeur parce que nous sommes de même sang, mais c'est pour faire ressortir la puanteur de la boue dans laquelle elles (Je veux parler de ma mère et

ma jeune soeur) voulaient me faire patoger ainsi que mes enfants. Et, je ne devais pas réagir. Elles me disent que je prends
une attitude d'aristocrate pour rien. Etais-je obligée de perdre
mon prestige parce qu'elle est ma soeur? Quand elle avait affaire avec cet homme, elle n'habitait pas chez moi parce que je
n'en pouvais plus. Si elle venait, c'était peut-être pendant mon
absence, car comme déjà dit, ma mère est celle qui la tolère et
la supporte.

Cette dernière avait loué une petite maison juste pour elle
pas trop loin de moi. Ma jeune soeur me raconta qu'un jour,
ma mère lui avait donné à lui apporter à manger. Car bien
qu'elle n'habita la maison, elle se faisait le devoir de la nourrir
et prendre soin d'elle tous les jours quitte à extirper mes affaires
pour les lui apporter. Ma jeune soeur était arrivée pour trouver la porte de cette maison strictement fermée parce qu'elle
s'était confinée à l'intérieur avec cet individu. Elle ne faisait
que frapper de plus en plus fort, mais personne ne répondait.
Alors prise de rage, elle s'est mise à courir en faisant le tour de
la maison et criait de toutes ses forces en citant le nom de cet
homme: "Il a volé l'affaire de ma soeur, il a volé l'affaire (la partie privée) de ma soeur". Les gens du quartier pensaient qu'elle
était emportée par une crise de folie. C'est alors que la porte a
été ouverte, et effectivement l'homme a fait son apparition.

A l'époque qu'elle portait le bébé de cet élément, j'étais
professeur à l'annexe du Lycée Français. Chaque matin, j'allais
à mon travail soigneusement vêtue et je dégageais la fragrance
du parfum de Versailles. Cet homme comme toujours, était

debout passivement devant la barrière. En arrivant à sa portée, il a poussé de toutes ses forces une désagréable expression injurieuse pour que je l'entende. J'étais étonnée. J'ai retourné la tête. Il n'y avait personne à ses côtés. C'était pour me dire: "Ce n'est pas la peine de prendre cet air important, parce que je suis entrain de coucher votre soeur. Je suis votre beau-frère". N'est ce pas dérespectant et dégradant en même temps? N'ai-je pas raison de garder une position intègre? Devrais-je me jeter dans ce bourbier pour leur faire plaisir? Etais-je obligée de perdre ma dignité à cause d'elle? Est-ce une conduite à encourager?

Ainsi, elle a mis au monde cinq enfants pour cinq différents pères qui ne peuvent rien faire pour l'aider avec eux. Ils étaient tous sous notre dépendance. Ma jeune soeur m'a rapporté qu'elle était enceinte d'un bébé qu'elle a avorté. C'est elle qui lui a sauvé la vie parce qu'après cet acte, elle avait tellement saigné qu'elle avait perdu toutes ses forces. Puisqu'elle est infirmière, c'est elle qui lui administrait des piqûres de vitamines B12, lui donnait des fortifiants chaque jour pour enrichir son sang jusqu'à revenir à la normale. Malgré tout, elle adopte une attitude hostile comme si c'est notre devoir de prendre soin d'elle et de l'accepter avec ses malpropretés. Moi, vivant aux USA avec mes problèmes, j'ignorais tout ce qui se passait dans mon pays. Et je n'avais pas non plus l'intention de l'aider et l'encourager à continuer sur ce chemin. Même si je le voulais, j'en n'avais non plus les moyens. J'avais aussi mes problèmes. J'avais mes propres enfants de qui prendre soin. Devrais-je les négliger pour lui envoyer de l'argent? Mais, elle a sa soeur chérie qui minutieusement prend soin d'elle. Et cette dernière m'a confessé comment qu'elle gaspillait son argent. Que voulait-elle avoir de plus?

Je dois encore avancer pendant que j'étais dans mon pays, j'embrassais tellement tout le monde sans distinction que ses enfants aussi m'appelaient: "Mommy". C'est comme s'ils étaient mes propres enfants. Je me souviens un jour quelqu'un a eu à me poser la question que voici: "Tous ces enfants-là t'appartiennent? C'est parce que tous étaient autour de moi et m'appelaient "mommy." Quelle ingratitude! Et, jusqu'à présent étant devenus grands, ils continuent à m'appeler "**Mommy**".

Quand sa deuxième fille était un bébé d'un an. Elle était tombée et avait écorché sa jambe. Le tibia était fêlé et si infecté que la clinique publique qu'elle fréquentait l'avait menacée d'amputer la petite jambe où il y avait un gros trou. L'enfant ne pouvait pas se tenir sur ce pied. Tout de suite, ayant appris la nouvelle, je l'avais envoyée consulter le pédiatre de mes enfants qui était vite intervu pour éviter ce malheur. Il s'en était occupé soigneusement sachant que c'est l'enfant de ma soeur. J'éprouve un sentiment de révolte quand on m'accuse de n'avoir pas supporté cette soeur qui ne faisait que la honte de la famille, et causer ma ruine. Après tout, étais-je obligée de le faire?

Elle avait même conseillé à ma jeune soeur d'en faire autant parce qu'elle essayait comme étant plus âgée de lui présenter des salopards qu'elle voulait mettre sur son chemin. Ma jeune soeur m'a dit qu'il y avait un jeune homme dans le quartier qui la courtisait. Sa soeur devenant jalouse lui a barré la route. Elle lui a dit: "Comment se fait-il que ce jeune homme te courtise alors que je suis la plus grande? Il doit me courtiser avant, et après viendra ton tour. Tu viens après moi. En un mot, elles se partagèrent le même homme. Quelle moche conception! C'est ce qu'on appelle "l'unité"

Elle surveillait ses moindres faits et gestes pour l'empêcher d'avoir contact avec des gens de bien. Elle l'encouragea sur le chemin de la dégradation. Cette soeur-là est l'enfant chérie et préférée de ma mère parce qu'elle a parfaitement répondu exactement à ses soupirs. C'est ainsi que c'est chez elle qu'elle habite maintemant.

Ma jeune soeur, comme déjà dit plus haut, voyant qu'elle était entrain de périr avec cinq enfants sans père sur les bras, avait décidé, sous la dictée de ma mère, de la prendre en charge avec tous ses enfants. J'étais surprise quand elle m'avait écrite pour me dire: "C'est moi qui sers de mari à ma soeur". Cette fille a négligé sa propre vie pour se consacrer à l'éducation des cinq enfants de l'autre qui ingrate n'en fit aucun souci et ne lui donna aucun crédit. Elle lui a déclaré qu'elle n'avait jamais sollicité l'aide de personne.

Ma soeurette avant d'être infirmière travaillait dans une garderie où elle enseigna la classe de Kindergarten. La directrice de l'établissement avait besoin de quelqu'un pour accompagner ses petits quand l'autobus vient à l'allée et au retour. Elle lui avait proposé sa soeur, en disant qu'elle pourra ainsi gagner un petit argent pour s'occuper de ses enfants. Donc, elle travaillait à cette petite école sous les recommandations de ma jeune soeur. Elle devrait assister aussi les enfants à la toilette et leur servir leur goûter. Elle a eu à faire honte à ma soeurette en s'amusant à manger les goûters apportés par les enfants de leur boîte à lunch. Et, elle essaya de séduire le conducteur de l'autobus. Décidément, elle devrait rester à la maison et mener sa vie comme elle l'entend.

Lorsqu'on prend un porc que l'on nettoie, parfume, habille en lui mettant un anneau au doigt, sa place est de se retrouver patogeant dans la boue corrompue parce que c'est là qu'il se sent à l'aise. C'est là qu'il prend tout son plaisir. Je m'excuse d'avoir employé ces termes car je ne sais quel mot utilisé pour décrire cette sale et triste situation.

CHAPITRE VI

MA SOEUR BENJAMINE

Un décalage de treize ans existe entre elle et moi. Elle est venue au monde après ma première crise de dépression qui avait poussé ma mère à se réconcilier avec mon père. Je l'aime beaucoup parce qu'elle est à la fois ma soeurette et ma filleule. Elle était née petite et frêle et je la protégeais. Je me souviens lorsque bébé elle était malade, ma mère me la confia pour l'emmener à la clinique, et c'était avec plaisir que je la porta dans mes bras. Et mon coeur me faisait très mal de la voir pleurer quand l'infirmière lui administra des piqûres de péniciline d'un blanc épais avec une grosse aiguille qui perça sa peau. J'avais vu en cela une méchanceté parce qu'elle était trop petite pour être piquée de ces grosses aiguilles. Mon père l'admira parce qu'à ses dires, elle ressemble exactement à sa grand-mère qui fut une "grimelle" aux cheveux roux. Elle fut pour lui une réincarnation. Mais toujours avec le comportement de ma mère, cette admiration ne devrait pas durer trop longtemps.

Comme déjà dit plus haut, je suis diplômée Institutrice quand j'avais dix neuf ans. Et, c'est ce que ma mère attendait pour s'écarter définitivement de mon père en rejetant toutes les responsabilités du foyer sur moi. Donc, c'est moi qui étais tout pour les enfants: écolage, livres, nourriture, vêtements, loyer, argent de poche, et j'en passe. J'étais une jeune petite maman. Et, je prenais plaisir à le faire parce que j'aime aider. J'aime à faire sentir à quelqu'un qu'il est important, et je tenais à ce qu'ils réussissent. Puisque ce sont mes frère et soeurs, rien ne m'empêchera d'agir pour leur bien. Donc, ma petite soeur-filleule, je la choyais, je la chérissais. Je tenais à ce que rien ne lui manquait selon mes possibilités. Elle était aussi satisfaite et réciproquement aimait sa marraine.

Elle me raconta qu'un jour elle a failli se faire écrabouillée par un gros camion tant qu'elle était contente. Après lui avoir donné une petite somme, elle était partie comme une folle dans les rues acheter des friandises. La monnaie s'était échappée de ses mains. Elle a couru pour l'attraper quand elle se trouva face à face avec un gros camion qui dandinait devant elle à cause de la brusque traction des freins du conducteur pour éviter l'accident. Celui-ci ne la voyant pas, pensait qu'il l'avait écrasée. Il était sorti en tremblant pour lui demander: "Petite fille, tu n'as rien?"

Comme étant couturière, je prenais plaisir à lui confection-ner de jolies petites robes. Ce qui était venu gâter nos bonnes relations, c'était mon mari qui a eu à la maltraîter d'une façon très triviale, et très démoniaque lorsque toute petite, elle séjour-nait chez moi. Ma mère a créé une montagne monstre de cette affaire qui me suit jusqu'à présent. Quand je me suis mariée, elle n'avait que huit ans. Tant bien que mal, elle allait à l'école, poursuivait ses études, jusqu'à décrocher son diplôme d'infirmière. Elle a pu se créer une place dans l'un des hôpitaux de la ville. Dans mon pays être infirmière, est un métier noble. Sa grande soeur, jalouse d'elle, essaya par tous les moyens de la piétiner disant qu'elle ne permettra pas à une petite soeur de la supplanter. Ainsi, elle a travaillé dans cette réalisation, parce qu'elle rend toujours les autres responsables de son sort. Elle est tellement jalouse que moi personnellement j'ai peur d'elle.

Voyant que sa grand soeur vivait dans un état déplorable avec les cinq enfants sans père sur les bras, ma jeune soeur disais-je s'était engagée à prendre ses responsabilités avec ses enfants. Sous la dictée de ma mère bien sûr, comme moi, elle s'était chargée de tout: loyer, écolage, nourriture, vêtements, etc... **C'est la perpétuite dans cette famille!** C'est ainsi que les enfants de cette soeur ont goûté à la vie grâce à la compassion et aux dévouements de cette tante. Elle n'est pas mariée. Elle reste toujours sous le toit et la tutelle de cette soeur qui se sert d'elle pour son cheval de bataille. Et jusqu'à présent arrivée aux Etats Unis d'Amérique, elle ne voit pas la nécessité de se défaire de sa soeur. Elle vit toujours sous sa dominance, continue à faire tout pour elle comme une domestique. Elle m'a même reprochée de ne lui avoir pas donné un coup de main dans "**ses obligations**". Et, elle s'accorde avec elle pour se liguer contre moi. Elles agissent avec moi dans un esprit de vengeance. Non! Ce n'est pas possible! Elle a peut-être peur que sa soeur ne lui fasse du mal, car je ne reconnais pas ma soeurette. C'est réellement frustrant et decevant!! Elle se tient debout tout le temps à ses côtés pour la défendre. Des gens se posent des questions à savoir: "Que se passe-t-il entre elles? Quel est son problème? Les paroles de sa soeur sont celles de l'Evangile. Elle a sa soeur en admiration. Elle imite à la lettre sa soeur qui pour elle a une conduite exemplaire. C'est un sacré culte rendu à sa soeur chérie. Il paraît que c'est moi qui suis le père de ses enfants.

Elle voulait m'imposer de toute façon l'intervention de sa soeur bien-aimée dans ma vie. C'est ainsi qu'elle l'a manifestée, comme ma mère, dans tous les domaines. Elle était allée même, sans que je ne le sache, dans mon album de photos pour les arranger pour moi à sa façon. Un jour, en feuilletant le livre, j'ai découvert que mes photos sont disposées d'une autre façon, certaines ont été enlever, (Il lui semble que j'en ai pas besoin) et celles de cette soeur disposées en grande manchette dans les premières pages de ce livre. Il parait que je n'ai pas les photos de mes enfants à placer en premier plan dans l'album.

Comme sa mère amante de la promiscuité, elle était vexée du fait que je ne voulais pas laisser mon jeune fils passer la nuit avec eux dans une petite chambre non climatisée où huit personnes dormaient entassées comme des sardines. C'était pendant l'été, et la chaleur était incommodante pendant la nuit. Mon fils étant un enfant malade ne pourrait pas supporter cette température qui pouvait avoir des effets négatifs sur sa santé, et même lui contrarier en provoquant une indisposition qui exigerait son admission à l'hôpital. Puisque la moindre négligence demande que l'on le transporte d'urgence à cet endroit. Elle n'avait pas compris l'idée que l'enfant ne pourra pas passer la nuit dans de telles conditions. Je mérite d'être blâmée et condamnée, pour y avoir refusé. Elle n'avait qu'une chose en tête: passer la nuit avec sa soeur chérie quelles que soient les conditions. Pour elle, c'est ce qu'on appelle: "**L'unité de la famille**". C'est ce qu'elle prêche de toutes ses forces.

Pauvre ignorante aveuglée! Avant tout, je pense que c'est moi la mère de l'enfant. Je suis celle qui doit décider de son logement. "Etais-je obligée d'exposer la vie de mon fils pour vous faire plaisir chère madame?" Et, je n'ai pas besoin de te ressembler, ni agir comme toi car chaque personne est unique en son genre.

Etant infirmière, elle a voulu continuer à pratiquer son métier en se perfectionnant aux USA. C'est une tâche qu'elle connait sur le bout des doigts pour l'avoir exercé pendant des années dans son pays. Aux examens de passage, elle agissait comme une novice en la matière. Elle avait oublié tous les principes élémentaires de la médicine. Elle n'avait pas mis ses gants, elle avait tout négligé... Enfin, elle s'était comportée comme une insensée. Ainsi, elle a été disqualifier. Donc, elle n'a pas réussi. Elle est restée captive par l'autre qui s'est emparée de son bon ange. Elle est subjuguée par elle qui la contrôle et surveille ses moindres mouvements. Elle ne peut pas conduire. Mon frère lui avait fait faire l'acquisition d'une petite voiture. Elle a eu en maintes fois des accidents qui l'ont portée à avoir peur de toucher au volant d'un véhicule. Elle est réduite en quoi. Je ne sais pas.

Je dois relater en passant qu'à une clinique où elle faisait le nettoyage à son arrivée aux Etats-Unis, elle avait accès aux tiroirs dans lesquels le médecin dépose des échantillons de médicaments qu'il donne gratuitement à ses malades. Etant infirmière et comme je souffre d'hypertension, elle découvre parfois des échantillons de mes médicaments qu'elle sait m'apporter parce que ces prescriptions coûtent très cher. J'étais contente, et je la remerciais de ce qu'elle a pu soulager ma poche de cette façon. Un jour, étant dominée par sa soeur bien-aimée, et animée d'un mauvais esprit, j'étais étonnée quand elle m'avait adressé des reproches pour m'avoir fait parvenir ces médicaments. Pour l'autre, elle va tout consentir. Mais quand il s'agit de moi, il doit y avoir un problème.

J'avais noté cette tendance chez elle une fois dans le passé. Mais toujours, je ne donne pas d'importance à leurs actions. Dans la maison tous se plaignaient du fait qu'il n'y a plus de nourriture. Ils s'attendaient à ce que ce soit moi qui fasse le nécessaire alors qu'il y avait un sac de riz qu'elle dissimulait à ma vue quelque part. Est-elle franche avec moi? Je suis là pour être écorchée, purgée sans pitié, sans miséricorde, sans aucune considération.

Elle n'est pas mariée, ni fiancée. Tandis que l'autre a eu le temps de s'accoupler avec un homme pour qui elle a mis au monde encore un sixième enfant à peine arrivée au pays. Ce qui n'est pas étonnant car c'est son métier d'ailleurs. Et, c'est dans cette maison qu'elle vit avec sa soeur et son homme pour qui elle a une grande révérence. Elles sont même arrivées à me dépeindre comme une méchante à ce dernier. Je suis mal jugée par cet individu qui est pour moi un inconnu. C'est tout le temps qu'elle chante sa gloire et compte ses bienfaits. Sa soeur lui a même proposé de s'entendre avec un cousin de son homme qui vit aussi dans la maison. Et tandis que j'essayais de m'accommoder à cette situation, elle avait envoyé ses enfants me provoquer sourdinement chez moi.

Malgré tout, ma jeune soeur avait manifesté le désir de fonder son propre foyer, mais ma mère s'y opposa. Le jeune homme qui la courtisait depuis bien longtemps dans son pays, vit à Boston. Elle était partie rendre visite à cet homme afin de décider de son avenir. Ce dernier à son tour voulait lui rendre la réciprocité. Il voulait faire d'amples connaissances de la famille, pour pouvoir prendre une décision. Quand ma mère a appris la nouvelle, elle a laissé sa maison pour venir séjourner et dormir dans son lit disant qu'elle ne permettra à aucun sorcier d'intervenir pour détruire la vie de sa fille. (Une fille de 44 ans). Ma jeune soeur ne pouvait pas la repousser parce que son nom c'est "maman". Et, maman le sait. Elle est prise entre l'enclume et le marteau ne sachant quoi faire. Voilà notre situation avec **notre maman.** Ses désirs sont des ordres. Et, elle s'impose. C'est ce même sort qui me serait réservé si je n'avais pas eu le temps de me marier et d'avoir mes propres enfants. **Elle sait qu'elle détient un grand pouvoir: celui d'être appelé "maman". Donc, tout le monde sera sous sa domination.** Et, les autres qui ne connaissent pas la situation dans laquelle je vis ne font que critiquer, ne font que médire.

CHAPITRE VII

MON DEMI FRÈRE

Mon demi frère a pris naissance deux ans avant mon fils aîné. C'est à dire que si j'avais enfanté très tôt, il pourrait être mon fils. Il m'appelle "maman" d'ailleurs. J'ai eu vraiment contact avec lui sur le tard. Comme enfant né en dehors du mariage, il porta le nom de sa mère. Il nous aime tellement qu'il a changé son nom de famille en celui de notre père. Nous avons de très bonnes relations. C'est très souvent que nous nous entretenions au téléphone, et nous discussions sur les moyens et les possibilités de venir s'établir aussi chez Oncle Sam. Je mets sa femme qui vit déjà aux USA, au courant de toutes mes activités. C'est pour accomplir les promesses faites à mon père sur son lit de mort.

Ma jeune soeur en apprenant la nouvelle, comme ma mère, elle a vite fait sa stupide intervention. Toujours animée d'un esprit dérangé, elle a eu à me dire: "Ne néglige pas. Il faut faire ton possible pour que coûte que coûte cela se réalise". C'est pour me faire sentir que je n'avais rien fait pour elles, l'occasion m'est offerte maintenant d'agir pour ce frère.

Je n'ai pas d'ordre à recevoir de vous chère madame! Et, vous ne pouvez non plus dicter quoi faire. Avant d'ouvrir la bouche pour accoucher des bêtises, il faut prendre des renseignements. Réfléchis, montre ton intelligence, utilise ton jugement, va à la source. Cesse de répéter aveuglement après ta mère qui est une sotte. L'on accomplit mieux une tâche quand on est libre. Pressuré ou forcé quelqu'un animé de bonne volonté n'aboutit qu'à la défaite. Ce sera le résultat de votre emmerdement.

Soeurette, ne pense pas que **toi aussi**, tu sois capable de venir me contrôler, m'intimider ou me commander. J'agis selon ma conscience, selon mes possibilités, et selon la dictée de mon coeur. Fais preuve de maturité, car je ne crois pas que tu sois ni une imbécile, ni un pantin, ni un robot, ni un perroquet. Cesse de te laisser jouer par les autres. Et de plus, je dois te faire savoir que ma coupe est remplie jusqu'au bord. C'est ta goûtte d'eau qui a fait déborder le verre. Je n'ai encore plus de place. Abraham dit: "Cela suffit! C'en est assez! Le temps est maintenant révolu".

Il est plus que temps que tu prennes **TES responsabilités en main.** Je n'aurais pas aimé que tu deviennes comme moi une victime. Je n'aurais pas aimé te voir atteinte de dépression, que tu sois constipée, et que tu aies du chagrin, et des regrets. Après t'avoir bien sucée, ne possédant plus de jus, ta place sera tout simplement à la poubelle. Ils oublieront tes dévouements du passé. Surtout n'oublie pas que tu n'as pas d'enfant, tu seras la seule à te débrouiller pour sortir de l'impasse. Tu ne représenteras rien qu'une quantité négligeable. Ne te leurre pas. Tu dois maintenant t'occuper de ta propre personne. Car, le temps perdu ne se rattrape jamais. Un esprit terre à terre ne t'emmenera nulle part. Sois animée d'un sentiment beaucoup plus élevé.

Chère soeurette, je veux que tu saches une fois pour toutes qui je suis si tu l'ignores. Je veux que tu aies ce qu'on appelle les notions de respect pour ne pas agir comme une insensée et heurter un autre. Avant d'ouvrir la bouche, pense sept fois ou bien tais-toi. Sache que si tu attaques, tu seras aussi attaquée de la même manière. C'est la loi. Ne sois pas surprise parce que l'on récolte ce qu'on a semé. La renommée, la réputation de quelqu'un est attachée à lui comme son vêtement. Quelles que soient les circonstances, je n'ai jamais ouvert la bouche pour dire du mal de vous autres. Traîtres, que vous êtes! Je vous pardonne votre ignorance, car l'ignorance est un péché qui coûte cher. La bouche de l'Eternel avait parlé disant: "Mon peuple périt faute de connaissance". Je suis votre aînée, et je le resterai toujours quelle que soit la situation. Et je ne vendrai pas ma position pour un plat de lentilles. Je n'accepterai non plus de recevoir de vous ni des reproches, ni des injures pour ta soeur chérie.

Après avoir résisté contre les destructions de ma mère, et les tortures de mon frère, **ne te mets jamais en tête que <u>toi aussi</u>**, tu sois capable en utilisant des manèges louches, de m'imposer ta volonté et m'importuner. Tu n'y parviendras pas. Ne pense pas que tu pourras me contrôler comme le faisait ta mère. Tu ne réussiras pas. Ne pense pas que tu pourras exercer ton influence et créer une mauvaise réputation autour de moi. Cela ne marchera pas. Je le regrette. Tu peux beau essayer, tu ne passeras pas. Ma maison n'est pas un centre pour le pillage. Et, je n'accepterai non plus aucune intrigue de ta part. Il est plus que temps pour toi de changer de conception et donner à ta vie une nouvelle direction. Cesse de tremper ton nez dans les affaires des autres. Tu n'es pas assez puissante pour vouloir prendre des décisions pour un autre. Ouvre tes yeux. Prends un peu conscience de ton état. Ton attitude ne te rapportera rien que des déceptions.

Te transformes-tu **toi aussi** en un poison dans le sang? As-tu des yeux pour ne pas voir? Secoue toi ma chère. Tu peux faire mieux que cela. Le Bon Dieu ne t'a pas donné un esprit d'esclave. Mais, Il t'a créée pour être la tête, non la queue. Ne te laisse pas engloutir de cette façon.

Petite soeur, je veux encore te faire cette recommandation: "Je ne te demande pas de ne pas avoir de l'amour pour ta soeur, mais de grâce, ne la laisse pas t'annuler". Ce sont les conseils d'une grande soeur expérimentée qui t'aime.

Je dois encore te remercier pour m'avoir ouvert les yeux, et me donner ainsi l'occasion de déverser le poids qui pesait lourd sur ma poitrine. J'ai pu enfin être délivrée, débarrassée, libérée de cette indigestion.

A vous tous, j'exhorte d'apprendre la signification du mot <u>RESPECT</u>, et de l'exercer dans votre vie.

Chapitre VIII

Moi-même

Je pense que quelqu'un d'autre serait mieux placé pour prendre cette initiative. Mais, je vous laisse la déduction après lecture. Comme il y a une maxime qui dit: "Connais toi toi-même". Je prends la liberté de dire qui je suis. On peut connaî-

tre quelqu'un dans ses actes et par ses paroles parce qu'on reconnait l'arbre par ses fruits. Je ne dis pas que je n'ai pas de défaut. Comme tout être humain, je n'en suis pas exempt. Pour commencer, je dois affirmer que Dieu m'a créée d'une façon toute spéciale. C'est tout à fait naturel en moi, je ne pense pas, je n'agis et ne réagis pas comme "**Madame Tout le Monde**". Les autres sont des fois surpris de mon comportement.

Mon plus grand défaut, c'est que je suis trop complaisante.

J'attends toujours le dernier moment pour prendre une décision qui des fois arrive trop tard. Cela vient du fait que je prends calmement le temps de bien étudier, de bien analyser la situation. L'on pense que je suis une imbécile aveugle, et pourtant je sais ce que je fais. C'est pour cela que des fois, je perds contrôle et c'est ma mère qui toujours pressée prend la commande pour moi. Je suis persévérante. Avant de prendre une décision, j'aime à aller jusqu'au bout. Et ma décision devient définitive.

L'on dit que je suis trop patiente. C'est le défaut de tout vrai professeur. Il faut utiliser beaucoup de ce "défaut" pour transmettre la dose que vous voulez inculquer à vos élèves. "**Cent fois sur le métier reprenez sans cesse votre ouvrage**".

L'on dit que je suis susceptible. Cela vient du fait que j'aime à être traîtée équitablement. Je n'aime pas subir l'injustice. Je n'aime pas être victime de quelque chose que je ne ferais pas à quelqu'un d'autre. Je n'aime pas non plus d'être accusée de quelque chose que je n'ai pas commise. Ne fais pas à autrui ce que tu n'aurais aimé que l'on fasse à toi même.

Je n'aime pas froisser par mes mots. Je préfère fermer la bouche. Ce qui laisse l'impression que je suis indifférente. Je demande toujours au Bon Dieu que je sois un réconfort pour autrui. Que les autres prennent plaisir en ma compagnie. Cela me choque quand je suis déçue. Ce qui me porte à garder mes distances, et ne dire mot à cette personne qui se demande quel est mon problème? Problème que je n'explique pas pour ne pas blesser cette personne. Des fois, je me trompe par manque de communication. Je n'aime pas à conter mes problèmes par crainte d'être mal jugée par des gens à esprit pervers et tortueux.

Je fais trop vite confiance à quelqu'un sans le connaitre à fond. Il me suffit d'avoir une bonne impression de cette personne. L'on juge les autres d'après soi, n'est-ce pas? Parfois, je suis prise au piège. Je fais confiance jusqu'à preuve du contraire. Je pardonne trop vite sans condition.

Les évènements du passé me rendent passive. Ma réaction est de faire la gueule. Je n'aime pas le sexe qui est l'élément essentiel pour maintenir un homme. Je ne suis pas assez prudente dans mes relations avec les autres. L'on pense des fois que je suis une fille légère jusqu'à preuve du contraire.

Je suis trop stricte, un peu trop à cheval sur les principes. La raison, c'est que je vis seule. Je n'ai pas un mari pour me protéger, et j'ai des enfants mâles à élever. Je joue le rôle du père et de la mère tout à la fois. Si je n'adopte pas cette attitude, l'on pensera que l'on peut faire de moi ce que l'on veut. Et, ma maison se transformera en une place publique où n'importe qui pensera qu'il lui sera facilement capable d'y pénétrer, et faire n'importe quoi sans danger. Car un bon mari est le respect et la protection du foyer. D'autant plus, je suis institutrice. J'ai reçu cette formation à l'Ecole Normale.

Je pense que je me suffis à moi-même. Je suis trop indépendante. J'ai connu tellement de déceptions dans ma vie que des fois, je pense que je n'ai besoin de personne.

Avant de prendre une décision, j'accorde une dernière chance qui n'est pas des fois nécessaire. J'attends toujours. Donc, je perds mon temps.

Sans froisser aucun homme, je me sens complète quoi que vivant seule. Car, **toutes les acquisitions que j'ai pu faire dans ma vie, c'est grâce à la sueur de mon front, et à la force de mes bras soutenues par l'aide du Tout-Puissant.**

Après avoir lu cet ouvrage, je vous laisse le soin d'en tirer vous mêmes la conclusion. A vous de décider chers lecteurs. La balle est à vos pieds.

<u>Mais pour ma part, je suis une martyre qui vit dans l'ombre.</u>

CHAPITRE IX

DES MOTS POIGNANTS QUI TUENT

Des mots, des mots, encore des mots, rien que des mots!!! Pour me faire marcher et me réduire en silence parce qu'il parait que je suis une rebelle malgré moi, les mots qui blessent mon coeur sont des boulets de canon utilisés non seulement par ma mère, mais tenez-vous bien, par mon jeune frère qui comme je l'ai déjà dit plus haut sous les initatives de sa mère, pense qu'il pourrait me supplanter. C'est pour me faire sentir que je ne suis rien. Il voulait me mettre sur le bas de l'échelon pour mettre ses pieds sur ma tête. Donc, il n'hésite pas à utiliser n'importe quel mot pour me maîtriser, pour me rabaisser. Il ne les mâche pas d'ailleurs. Blessée, je me refuge dans un coin pour laisser passer la balle, je boude ou je pleure. C'est ma façon à moi d'effacer la douleur. Ce sont des mots qui brûlent qu'ils utilisent pour se défendre. Se défendre contre qui s'il vous plaît? Une fille dévouée, une soeur bienfaitrice. Il s'adressa en utilisant des mots obscènes même à sa mère.

Lorsque vous vous montrez conciliant, le plus souvent l'autre qui ne comprend pas l'esprit, vous abuse et vous piétine. Je suis dérespectée sous mon propre toit. Je suis comme une enfant. Je n'ai pas droit à la parole. Je n'ai pas le droit de riposter, je ne dois pas réagir même quand quelque chose me déplaît. Avec la pensée que je leur faisais du bien, et je leur faisais réellemnt du bien, je ne me suis jamais mise en tête qu'ils nourrissaient de mauvaises pensées contre moi. C'est pour cette raison que devant leurs réactions, je suis toujours choquée. Et la pire, c'est qu'ils vivent sous mon toit.

Le premier choc que j'avais reçu, et qui m'avait fait maigrir jusqu'aux os, c'est lorsque ma mère m'avait accusée d'être la meurtrière de mon père lors d'une engueulade que nous avions eu concernant la grossesse de ma soeur. Elle a eu à me dire: **"Vous devez fermer votre gueule. Il n'y a aucune différence entre vous deux. Vous êtes toutes deux salopes. N'est-ce pas que ce sont les gens de la haute société que vous fréquentez. Vous n'êtes pas de son acabit. Laissez tranquille la malheureuse! N'est-ce pas que vous aussi, vous ne pouvez vous entendre avec votre mari. Au secours! Voulez-vous me tuer comme vous l'avez fait pour votre père?"**

J'étais restée perplexe et étonnée devant cette réaction. J'étais blessée à en mourir. Cela se passa pendant que tous, ils habitaient CHEZ MOI. Elle supportait la grossesse de sa fille. Je devrais accepter le fait sans maugréer, sans réagir, et prendre aussi la responsabilité du bébé de ma soeur. A la même époque, mon frère que j'aime beaucoup parce que légalement, c'est le seul que j'ai, m'a demandé avec dédain: "Penses-tu que tu m'es indispensable? Penses-tu que sans toi, je n'existerais pas? Et, c'était moi qui répondais à tous leurs besoins. Des mots poignants, rien que des mots poignants...

Après cette mésaventure, j'étais tombée des nues devant cette flagrante ingratitude. Le poignard m'avait transpercée si profondément que j'avais commencé à maigrir. Dans l'espace d'un mois, j'étais devenue un squelette. On pouvait compter tous mes os. C'était comme une entente qu'ils avaient entre eux pour me démantibuler.

A cette même époque, mon mari était à New york. Tout le monde que je côtoyais me demanda perplexe: "Que se passe-t-il? Pourquoi avez-vous ainsi maigri? Il y a un ami qui m'avait même fait remarquer: "Il n'est pas bon de laisser savoir à quelqu'un qu'il a maigri, mais je dois te le dire pour te porter à te secouer. Tu as considérablement maigri." C'était incroyable, mais vrai. J'étais tellement maigre qu'en prenant mon bain, je cherchais le savon qui était rentré dans le trou de mon omoplate. Si c'était en ce temps ci, on aurait dit que j'ai attrapé le virus de l'H.I.V. J'étais méconnaissable. J'étais sur le point de mourir. Et je n'avais pas le courage de raconter mes chagrins. J'avais honte et peur tout à la fois de circuler dans les rues parce que les gens me regardèrent d'un air étonné. J'avais toujours les larmes aux yeux surtout quand vient la nuit. C'est à ce moment que je ressentais le poids de ma douleur. Je pleurais dans mon oreiller sans que personne ne s'en rende compte. L'on pensait que c'était du chagrin d'amour parce que mon mari vivait loin de moi. Et pourtant, c'était mes propres proches qui en étaient la cause. Je laissais tout le monde à deviner. J'étais la seule à connaitre ce qui me faisait mal. Je ne voulais rien dire pour ne pas faire du mal à personne puisque je n'avais pas le droit. Même mon frère me demanda quel est mon problème. Il ne se rendait pas compte qu'il m'avait percé le coeur. Me voyant avec la ressemblance d'un squelette, j'avais dû demander à une amie infirmière de m'administrer la piqûre qui fait grossir pour me voir pousser un peu de chair. Car, mon état efflanqué attirait l'attention de tous.

Un autre jour, j'ai été rendre visite à ma mère. Malgré tout ce qui s'était passé, je reste toujours attacher à elle parce que son nom c'est "maman". Je passe toujours une éponge. Et, étant donné que c'est ma mère, je la respecte. Lorsque je devais partir, elle était venue m'accompagner à la porte et elle me suivait des yeux. Mais, elle le faisait pour une raison bien déterminée parce qu'elle avait quelque chose en tête. A ma prochaine visite, elle a fait cette réflexion: "En te regardant partir l'autre jour, je t'ai vue marcher avec les jambes écartées". Cela veut dire que je suis une pute. J'ai eu tellement de relations sexuelles que maintenant je suis dérangée. On peut le voir dans ma démarche. Voilà comment elle me traîte. Voilà l'optique dans laquelle elle me considère. Voilà ce qu'elle nourrit dans sa pensée. Voilà la catégorie dans laquelle elle me classe. Voilà l'image qu'elle se fait de moi, et elle n'hésite pas à me le lancer en plein visage. Donc, pour lui faire plaisir, je devrais marcher avec les cuisses collées. Quelle serait votre réaction à ces paroles? Je suis comme une souris au milieu d'un tas de chats qui attendent l'occasion favorable pour me plonger dessus. De cette façon, il vous est impossible d'évoluer. Bien que je sois une adulte, je ne suis pas libre dans mes déplacements. Et, elle sait de quel côté m'attaquer pour m'offenser.

Par respect, je ne lui avais rien dit bien que cela m'avait frappée. Je n'y avais pas accordé d'importance parce qu'elle divague toujours. Pauvre moi-même qui ai le sexe en dégoût! Quand j'avance à quelqu'un que je n'aime pas le sexe, il refuse de me croire. Pour moi, ce n'est pas ce qui importe dans la vie. C'est un acte bestial dont on peut s'en passer. C'est un genre de supplice. J'ai eu tellement de très mauvaises expériences de cet acte que je peux m'en abstenir. Mon esprit est porté sur des choses extraordinaires et merveilleuses. Car, je suis ambitieuse et j'ai de très grandes visions.

Elle a eu à commander ma jeune soeur de se coucher en lui écartant les jambes pour vérifier si elle est vierge. C'est parce qu'elle l'avait vue aussi marcher avec les jambes écartées, et elle n'aimait pas sa posture. Je me demande à quoi cela alla aboutir. C'était peut-être ce qu'elle avait en tête, mais pour certaines raisons, elle s'était gardée de me passer le test. Elle voulait sûrement découvrir la largeur du trou. Alors, elle m'a fait la remarque. Si je me fâche, c'est chose qui me regarde. Je ne pensais pas qu'elle nourrissait une seule chose en tête. Elle est quelqu'un à la pensée fétide.

Une fois, elle a eu à dire à mon frère qui a une petite fille: "Il te faudra semer du sucre sur les parties génitales de cette petite pour la rendre douce à l'avenir". Mon frère m'a dit qu'il était étonné. Il ne s'attendait pas à ce que sa mère lui dise chose pareille, et n'avait pas accordé d'importance à cette parole.

Soyez en sûr, puisque mon frère a rejeté sa demande, et c'est tout le temps que le bébé est avec elle, elle a procédé à cette cérémonie elle-même à son insu. Parce que lorsqu'elle vous ordonne de faire quelque chose, et vous n'obéissez pas, elle prend l'initiative de passer à l'action à votre place. L'ordonnance a été vite exécuter. Vous serez toujours surpris et étonné de ses approches, et de ses actes.

Quand bien même je suis mariée, j'ai fondé un foyer, mes parents et moi, nous vivions toujours ensemble. Un jour, mon frère a eu à écrire à mon mari qui vivait à New York pour lui dire que tout le temps je me fâche, (parce que quoi qu'ils fassent, je ne dois pas réagir) j'ai mes nerfs à la fleur de peau. J'ai besoin de lui. C'est un homme que j'ai besoin pour me calmer. Quand j'en ai eu connaissance, j'étais vexée à mourir. Et encore, je me suis dit: "Voilà comment il me traîte. Voilà la vision qu'il se fait de moi. C'est de cette façon malsaine qu'il pense de moi. Je ne représente qu'une vermine à leurs yeux. Ils sont tous animés d'un même sale esprit".

Mon mari m'avait envoyé en cadeau une statuette très significative. C'était un oiseau perché sur une branche, placé dans une corbeille de paille ovale entourée de coquillages. L'oiseau était protégé à l'intérieur de la cage par un plastique très dur. Ce fut un travail artisanal bien réalisé. Et, je l'avais exposé sur le mur du salon comme décoration. Ma mère était fascinée par cet objet qui la terrifiait parce qu'il venait de mon mari. Ce fut pour elle un article mystique suspendu au mur. Un jour, j'étais surprise de voir un gros trou dans le plastique, et l'oiseau avait perdu sa tête. Donc, sans mot dire, que cela me déplaise ou non, pour me protéger, elle a écrasé la tête de satan. J'avais dû me défaire de cet objet d'art qui avait perdu toute sa beauté. Elle voit en tout le diable de qui elle doit coûte que coûte se débarrasser. Donc, elle n'hésite pas à utiliser n'importe quel moyen en son pouvoir sans se soucier des autres, sans se soucier des conséquences de son acte. Elle détruit tout pour assouvir ses désirs.

Mon deuxième fils qui est comme moi de tempérament très sensible, n'en était pas épargné. Mon frère l'avait violemment menacé de le gifler en ma présence. Il était tombé dans une profonde dépression qui l'avait fait perdre une année à l'école. Il avait peur de la maison. Lorsque je pensais qu'il allait au collège, il ne s'y rendait pas, parce que psychologiquement, il ne pouvait pas. Et jusqu'à présent, je me demande pourquoi il voulait le gifler. Mon fils n'est pas impertinent. Il est l'un des enfants des plus soumis qu'un parent puisse posséder.

Dieu, dans son amour m'a fait cette faveur. Cet enfant m'est un don du ciel. Il est un garçon naïf, gentil et bien élevé. Il croit et obéit à tout ce qu'on lui dit. Et ceci, tout le monde le témoigne. Ainsi, il souffre et devient désorienté quand quelqu'un le traîte brûtalement. Ce n'est pas que je veuille le défendre parce qu'il est mon fils, mais c'est un fait reconnu de tous. Et, je reçois tout le temps des compliments des autres pour avoir en ces temps qui courent un enfant aussi aimable. Même dans sa carrière militaire, le commandant du régiment auquel il appartient, m'avait écrite pour me féliciter pour avoir un homme aussi bien formé.

Il avait aussi proféré des menaces beaucoup plus sévères à son propre fils lui disant qu'il n'a pas peur d'aller en prison. Ce pauvre garçon pris de peur, s'était enfui de sa maison sous une pluie torrentielle en allant chercher refuge chez une tante pour échapper à ses fureurs.

J'étais allée à New York pour la graduation de mon fils aîné, cet enfant me téléphonait chaque jour pour me demander avec des larmes aux yeux quand sera mon retour parce qu'il avait une peur bleue de rester avec son oncle à la maison. Et, il n'avait aucun autre endroit pour aller se cacher. Sans aucun soupçon, j'avais dit à mon fils: "Je ne pensais pas que ma présence t'était aussi indispensable". Mais, ce n'était pas la raison de ses appréhensions. Il répétait constamment: "I can't help myself". Mais aveuglée et pressurée par mes multiples obligations, je ne saisissais pas ce qu'il voulait exprimer par ces paroles. Mon frère prenait un malin plaisir, il éprouvait une immense satisfaction de vous avoir terrassés.

Ce dernier est son parrain. Parce que n'ayant pas vécu avec son père, il le considérait comme le sien. Il dit toujours mon papa, c'est mon oncle. Un jour il l'avait demandé de l'accompagner pour aller faire une commission. Arrivé à l'endroit, il

est decendu de **ma voiture** en oubliant la clé. Mon fils par mégarde, et par mesure de sûreté, avait automatiquement fermé
la porte de la voiture. C'est à son retour qu'il a constaté que
la clé était restée enfermer à l'intérieur. J'avais le service de
la compagnie trois A. Lorqu'il m'a téléphonée pour me dire
ce qui s'était passé, je lui ai dit de me donner l'adresse, je vais
appeler le service pour venir ouvrir la porte. Impatient, il ne
pouvait pas attendre l'arrivée du service. Il est rentré dans
une violente colère, et il a écrasé la serrure de la porte. Quand
le service est venu, ils m'ont appelée pour me dire qu'ils n'ont
vu personne. Et je ne sais quel genre de menaces qu'il avait
proféré à ce pauvre garçon.

Cette scène de sauvagerie avait marqué cet enfant qui a
souffert terriblement, témoin de la brûtalité de son oncle-parrain qu'il considère comme son père. Mon fils a eu à me dire
avec chagrin: **"Si je savais qu'il allait briser la porte, je ne la
fermerais pas"**.

Il le rendait responsable d'un acte qu'il n'avait pas commis.
Et moi, pour échapper à sa fureur, j'avais gardé le silence. Et
se sentant gêné par ma froideur, il avait dû rapidement fixer la
porte de la voiture. Chez moi, il faisait ce qu'il voulait sans se
soucier que cela me déplaise ou non. Si j'ai besoin d'obtenir
quelque chose de lui, pour éviter des scènes d'orage, je passe
par quelqu'un d'autre, sinon il y aurait de constantes explosions
dans la maison.

Voulant obtenir un peu de bien-être, ce garçon avait pris

la décision de fuire la maison en allant habiter avec son grand frère à N.Y. Mais, ce dernier avec ses obligations et ses problèmes ne pouvait pas le garder. Il a dû revenir. Après son retour, pour une raison quelconque, je le cherchais. C'était pour le trouver accroupi, enfermer dans la garde-robe de sa chambre, comme pour se trouver seul, et échapper à ses tracas. En le découvrant à cette cachette, j'étais surprise. Emportée par l'émotion, j'ai crié et pleuré en mettant mes deux mains à la tête. J'avais pris peur. Dieu seul sait pourquoi il m'avait permise de le surprendre dans cette position. **Que de misères pour Evelyne!**

Toujours dans un esprit de tolérance, je le facilitais en laissant l'un de ses amis mécanicien venir travailler avec lui. Un jour ce dernier, puisqu'il avait l'habitude de venir à la maison, m'avait demandé à travers lui d'emprunter ma voiture, disant qu'il va faire une commission, et qu'il reviendrait tout de suite. Sans hésiter et sans arrière pensée, je lui avais livré la clé.

Ce fut un malin complot organisé par lui et cet ami dans le but de prendre ma voiture pour aller passer la nuit avec une femme. C'est ainsi que cet homme n'était jamais revenu. Je me suis réveillée le lendemain pour trouver la voiture parquée au devant de la maison avec la clé négligemment déposée sur le coussin. J'étais fâchée et vexée en même temps. Vexée d'être jouée par eux. Vexée de les avoir laissés tromper ma bonne foi. Il pensait jouer à l'intelligent sachant que je n'allais rien dire comme toujours. A mon frère, je n'avais fait aucune remarque, parce que je sais à quoi cela va aboutir. Mais, j'attendais la prochaine venue de cet ami pour lui témoigner mon mécontentement. Et, je lui ai dit: "Je n'avais pas aimé ta façon d'agir. Il fallait me demander carrément si c'est possible de te laisser la voiture pour la nuit. C'était aussi simple que cela. Tu n'avais pas besoin de me mentir, parce que je ne suis pas une enfant".

A cause de cette reprimande à l'ami, mon frère était rentré comme toujours dans un accès de colère, et m'a déclaré en sa présence: **"C'est pour cela qu'il vous est impossible d'avoir un mari, ne savez-vous pas que c'est grâce à cet homme que j'ai appris le métier de mécanicien?"**

J'étais tellement surprise et choquée devant cette violente réaction à laquelle je ne m'y attendais pas, j'étais restée per-plexe et j'ai tremblé comme une feuille, j'ai secoué ma tête d'in-dignation et des larmes automatiquement ont jailli de mes yeux. Il sait où se trouve la plaie, et il a méchanment implanté son poignard violemment dedans. Et, Dieu seul sait comment il m'avait décrite à ce dernier, et s'il vous plaît en ma présence, chez moi, pour ma voiture. C'est la dictature et la violence qui régnaient dans ma maison.

C'était réellement méchant et malhonnête de sa part parce qu'ayant vécu très près avec moi, il connait mes souffrances. Il connait mes problèmes. Il connait mon passé. Il connait mon histoire sur le bout des doigts. Je ne m'attendais jamais à de telles paroles parce que c'est lui qui pendant mes périodes de profondes dépressions, était toujours debout à mes côtés pour me réconforter. C'est lui qui créait et cherchait tous les moyens pour me faire retrouver la joie de vivre. Comme mon unique frère, je l'aime, et je lui faisais confiance.

Sont-elles des paroles qui traduisent l'amour? Le livre des Proverbes nous dit que la bouche parle de l'abondance du coeur. Sont-elles sorties d'un coeur aimant? Cela signifie-t-il respect? Encore un coup de poignard. Il a cherché à toucher la plaie du doigt pour m'humilier et me dérespecter en présence d'un ami, moi sa grande soeur qui le soutenait toujours et qui avait ouvert mes bras quand il avait de terribles problèmes, et je l'avais abrité sous mon toit où il vivait en toute sécurité.

Je lui avais répondu: "Vous avez complètement raison, parce que si j'avais un mari qui vivait dans la maison avec moi, je serais respectée et protégée, et votre ami n'oserait pas me mentir afin de prendre ma voiture et aller passer la nuit avec une femme. Je n'ai aucune idée de ce qui s'était passé dans ma voiture pendant la nuit. Et, vous ne viendrez pas non plus me faire des remontrances". Oh!.. J'étais vraiment brûtalement secouée par ces paroles. L'on rapporte que c'est ainsi qu'il avait aussi l'habitude de faire des remontrances de la sorte à sa femme en présence des amis. Et, il se réjouit en répétant tout le temps que sa femme a peur de lui, et comment qu'elle tremble à ses paroles. Il est fort et tout puissant. **Oh, pauvre égoïste insensé! Ne penses-tu pas que l'on te juge?"**

Comme adulte vivant dans la maison, je lui avais fait part de mes présentiments. Car, c'est très souvent que je ne me sens pas bien. Je lui avais dit que j'ai une assurance de vie de $100,000.00 pour la sécurité de mes enfants. Il m'a répondu: "Tu mérites que l'on te tue pour s'emparer de cet argent." Sa réponse avait attiré mon attention. Mais toujours, je n'accorde pas d'importance à ses paroles qui peuvent avoir une grande signification.

Une autre fois, pour changer l'aspect du salon, j'avais enlevé les rideaux pour les remplacer par des blinds que j'avais commandés. J'avais pris grand plaisir à les installer. A sa rentrée du travail, il a regardé les fenêtres, et s'est écrié: "Quelles sont donc ces merdes placées aux fenêtres?" Je ne lui avais rien dit en réponse. Je n'avais fait que le toiser de la tête aux pieds. Je voyais qu'il était entrain de me provoquer. Et, pour éviter des querelles inutiles, j'avais gardé le silence.

Si je rapporte tous ces faits, c'est pour faire ressortir combien loin il poussait son impertinence, et comment j'avais réagi pour éviter des discussions sans fondement. Je voyais en lui un petit frère fou et insolent. Mais, il parait qu'il gardait dans sa pensée que j'avais peur de lui comme il le croit de sa femme.

Après tant de sacrifices, et avec l'aide de mon fils, j'avais eu à acheter une voiture presque neuve. Voyant que j'avais tout le temps des problèmes de transportation, ce dernier me l'avait offerte en cadeau d'anniversaire. Puisque c'est lui (mon frère) qui avait signé pour me permettre l'obtention du véhicule, il pensait l'utiliser aussi comme l'avait fait son ami mécanicien. Sans mot dire, sentant son désir, j'avais emporté mes deux enfants ce soir-là dans la voiture, et j'ai été passer la nuit sur une place publique. J'étais rentrée très tard dans la soirée. Et, je me suis dit en moi-même: "Vous êtes un homme marié laissant derrière vous votre femme et vos deux enfants dans un pays si bouleversé, je ne vais pas tolérer de pareils agissements chez moi". Sans lui parler, je lui avais donné une leçon. Je ne peux pas vous interdire vos incartades. Mais, au moins ayez un peu de gêne. Ne pensez pas m'utiliser dans leur réalisation. Ne comptez pas sur moi, et ne me forcez pas non plus. Pour qui me prenez-vous? Donc, j'avais adroitement exquivé un conflit.

Cette fille avait l'habitude de téléphoner à la maison. Sachant qu'il est un homme marié, je ne donnais pas d'importance à ses appels, et je ne lui transmettais pas ses messages non plus. Un jour très fâché, il était venu me reprimander sévèrement à ce sujet. Je devrais comme une enfant lui transmettre les messages reçus. **"Petite fille doit obéir aux ordres de papa"**. Il pensait qu'il avait le droit de commettre n'importe quelle insanité en ma présence, et qu'il était capable de faire ce qu'il veut de moi. Il ne savait pas que si j'avais agi ainsi, c'était pour éviter des scènes orageuses, et pour protéger mes enfants spécialement mon deuxième garçon qui est un enfant très sensible. Donc, sachant que je ne vais dire un mot, il multipliait ses attaques. Sans se gêner, il faisait même des préparatifs pour recevoir cette fille à la maison, disant qu'elle me ressemble. Comme je n'ai pas la voix au chapitre, je devrais l'accepter quand même. N'est ce pas inacceptable? Il y a un vieux proverbe qui dit: **"Lorsqu'un chien trouve un bon terrain, il ne fait que deux choses: "Uriner et déféquer sans en avoir besoin"**.

Il était aussi arrivé à voiturer cette fille qui lui mettait amoureusement des friandises à sa bouche pendant que j'étais assise dans le véhicule. Ce n'est pas que j'avais peur de lui, loin de là. Je pratiquais une politique de tolérance pour éviter la guerre. Je ne faisais que souffrir en silence. Je leur donnais un rire jaune. N'est ce pas dérespectant? Je me souviens lui avoir dit un jour: "Tous ces faits-là, je vais les mettre sur du papier". Et lui de ma répondre sans se soucier: "Vas y, mets-les sur du papier. Tu ne ferais que commencer à écrire, continue". Et, comme toujours, il s'en fout. Il pensait sûrement que j'en ne serais pas capable.

C'est un accomplissement que je suis entrain de parfaire aujourd'hui. Et j'éprouve une satisfaction à le faire. Et j'ai tiré la leçon: "Quand vous vous humiliez en vous montrant conciliant, l'autre qui ne comprend pas votre esprit, vous piétine. Il vous considère comme rien du tout, et vous traîte avec irrespect sans pitié, sans miséricorde.

Après avoir acheté cette voiture, par la foi je m'entretenais à ce véhicule comme à une vraie personne parce que tout sur terre tout à des oreilles. Et aussi, votre parole dite avec la foi, est prophétique. Selon la bible, Moïse avait commandé au rocher de lui donner de l'eau, et l'eau s'en était jaillie. Et, j'ai dit à la voiture: "Ma chérie, je vais travailler dûrement jusqu'à finir de te payer, et tu seras mienne". Et mon frère d'intervenir toujours avec un air de dédain: **"Pour se faire, tu iras travailler à Mc Donald".** J'ai rétorqué comme Abraham répondait à son fils Isaac: **"Ne t'en fais pas, Dieu y pourvoira, et je n'irai pas travailler à Mc Donald non plus"**.

Des mots, encore des mots poignants, toujours des mots qui font peur, des mots qui choquent, des mots qui brûlent, qui vous dépriment! Un autre jour en parlant bénévolement je me suis écriée: "Je me suis mariée une première fois à un pasteur, une deuxième fois à un prêtre défroqué, maintenant il me faut un devin". C'était tout simplement une exclamation de plaîsanterie. Et, lui de me répondre encore avec dédain: "Il te faut un "tonton" (un vieillard). Comme si c'est ce qui me ressemble, c'est ce que je mérite. N'est ce pas de l'insulte?

Il surveillait tout le temps à ce qu'apparaissent des rides sur ma peau pour me dire: "Voilà, tu commences à montrer des signes de vieillesse". J'étais rentrée une fois avec une jolie photo prise préalablement à un studio parce que je m'étais bien soignée pour la caméra. Je le lui avais montrée. Après avoir observé la photo, il m'a dit d'un ton très désinvolte: "Ton visage est joli, mais en regardant tes bras, on peut apercevoir des rides. Je m'attendais à recevoir des compliments. Non! Jamais de mots d'encouragement et de réconfort, pas de félicitations. Toujours de la brûtalité, des mots qui heurtent, qui font peur, qui vous dépressent, qui vous déplaîsent, qui vous démoralisent, qui vous insultent.

Tous, ils veulent que je sois mise à l'écart d'une façon ou d'une autre. Pourquoi? Je me pose aussi la même question. C'est pour cela qu'un jour, il était venu avec une idée de porter

un révolver. Je lui avais répondu carrément que le jour où il rentrerait dans cette maison avec une arme à feu, je la lui livrerais automatiquement. Et, j'étais ferme sur ma décision. Franchement, j'étais prête à lui laisser la maison. J'en avais pour mon compte. Je voyais que ma vie et celle de mes enfants allaient être en danger puisque la peur et la terreur y régnaient déjà. Dans mon humble optique, je ne voyais pas pourquoi il voulait être en possession d'une arme pareille. Mais propablement, il avait ses raisons puisqu'on ne fait et ne dit jamais rien sans raison. J'étais paniquée parce qu'avec ses violentes réactions, je ne savais pas ce qu'il avait en tête. Il était comme un possédé du démon. Mes enfants et moi, nous étions victimes d'un oncle-frère à qui j'avais offert l'hospitalité, et qui s'était transformé en un bourreau pour nous terrasser.

Quand mon deuxième fils, après tant de misères était arrivé à être admis dans l'Aviation Américaine, il m'avait envoyé sa photo de graduation en uniforme. Fière et contente, je m'étais mise à baiser la photo en exclamant: **"Voici mon Officier, voici mon chef".** Et mon frère de rétorquer: **"Même s'il est un chef, il ne peut rien me faire, il ne peut pas me toucher".** J'étais surprise de sa réponse, parce qu'il n'en était pas question. L'on ne discutait pas de pouvoir. Pour les étrangers, je n'ai qu'à ouvrir la bouche pour dire que mon fils est dans le service militaire, et, je reçois leurs compliments. Il est arrivé même au Commandant du régiment de m'écrire pour me présenter ses félicitations. Je me suis dit qu'il a une raison spéciale pour donner une telle réponse à une aussi simple réflexion. C'est comme si ce n'est pas ce qu'il m'aurait souhaité. Si c'était moi, ma réponse serait: **"C'est vraiment une fierté d'avoir une autorité dans la famille"**. Et, je m'en réjouirais avec lui. Eh bien, **même si personne ne l'est, moi je suis très fière de mon fils!!!**. Grâce à lui, j'ai pu visiter plusieurs pays parmi lesquels la France ma Mère Patrie. Car c'était l'un de mes plus grands rêves de visiter la Tour Eiffel.

Il se sentait tellement fort et tout puissant qu'il pensait que personne ne peut le toucher. Donc visiblement, il me montrait qu'il pouvait me faire la loi comme il veut. Il se gonflait et s'était érigé en maître et seigneur, et il n'hésitait pas à me jeter n'importe quelle saleté qui se trouvait sur sa langue. Pour un rien, sans réfléchir, il me lance une parole qui me désaxe. Il était toujours prêt à me bondir dessus et m'étrangler par ses mots durs. C'était comme s'il garde une sorte d'aversion contre moi, et il attendait un moment propice pour l'exprimer. J'avais dû lui demander un jour s'il était de son intention de me frapper. Il paraît que si j'étais une petite soeur, il passerait à l'attaque. Il lui restait encore un petit brin de crainte parce que pour la moindre chose, il était toujours prêt à me bondir dessus et s'il vous plaît dans ma maison.

Un jour, j'avais voulu tondre le gazon qui était très haut. Je lui avais dit avec l'appareil en marche de venir déplacer une voiture qui se trouvait devant la porte d'entrée pour me faciliter la tâche. Il faisait semblant de faire quelque chose, mais il était rentré dans pour s'asseoir à me regarder avec un air de mépris. C'était pour me dire: **"Je n'ai pas d'ordre à recevoir de vous".** Je ne lui avais rien dit. Je n'ai fait que déposer la tondreuse, et tout laisser tomber.

Une fois, puisqu'il ne recevait pas lettre, il ne voyait pas la nécessité d'avoir une boîte à lettres. Sans se soucier de moi, il a carrément déplacé cette boîte pour la mettre à l'intérieur de la maison. J'étais allée au dehors m'enquérir ma correspondence quand j'ai remarqué que la boîte n'y était pas. Alors, je lui ai dit: "Pourquoi as-tu déplacé la boite? Si elle ne te gène pas, pourquoi la toucher? A ces mots, il a eu le temps de frapper un objet qui se trouvait à sa portée avec fracas en me disant: "Je suis un adulte, il ne faut pas me parler sur ce ton". Alors, c'est moi qui suis la petite fille. J'étais surprise comme toujours devant cette violente réaction. Je ne savais pas qu'il était fâché. C'est en tournant la tête pour voir d'où venait ce bruit que j'ai constaté qu'il était en colère pour cette simple observation. Il ne voyait pas la nécessité d'utiliser son bon sens. Je pense que la place de cette boîte devrait être au dehors. Donc, il faisait ce qu'il voulait, que cela me plaise, me dérange ou non, et je ne devrais dire un mot. Tout ce qu'il fait devrait être approuvé, ratifié. C'était un combat sans merci qu'il me livrait en tout.

En l'année 1992, le cyclone André avait terriblement secoué ma maison qui avait besoin de beaucoup de réparations. J'avais dû solliciter les services du gouvernement qui m'avaient fait un prêt de $20,000.00, et avaient envoyé des ouvriers pour effectuer ce travail. J'avais eu un grand soulagement parce que la maison était réellement laide, et en un état déplorable. Ayant maintenant une maison plus ou moins propre et présentable, je lui avais dit que je n'aimerais pas que ma demeure retombe dans le même état qu'auparavant. Il lui serait mieux de contruire un hangar dans la cour de derrière pour garder ses sales outils de mécanicien. Cette fois-ci, il avait obéi. Je lui avais aussi demandé de déplacer les vieilles voitures qui étaient au devant de la maison, et de les parquer dans la cour du derrière.

Pour le porter à déplacer ces véhicules, j'ai eu recours à un ami pour le convaincre. Ce qu'il avait fait contre lui, parce qu'il était venu me faire des remontrances. Je lui avais répondu cette fois avec des larmes d'indignation qui me pompaient dans les yeux: "**C'est ma maison, n'ai-je pas droit à la parole?**" Tout doit être un sujet d'engueulade. Il veut toujours avoir raison.

Après l'arrivée de sa femme, il s'était déplacé en laissant quelques vieilles voitures qui pourrissaient. Pour l'obliger à débarrasser la cour, je lui avais envoyé un message toujours à travers cet ami lui annonçant que je vais les faire déporter. C'est alors que fâché, il est venu dégager la cour. Il lui restait encore le hangar chargé d'outils qui se détérioraient, j'avais dû encore lui avertir que cette vieille construction est devenue l'habitat des couleuvres pour le pousser à le démolir. Sinon, il ne verrait pas la nécessité de la détruire.

Tous ces mots et ces actes, pour ne citer que cela, blessent ma sensibilité, me heurtent très dûrement, et sont restés

graver et dans mon coeur, et dans ma mémoire.

Enfin, au dernier moment, quand sa femme était rentrée, c'était pour moi une délivrance. Je me réjouissais de le voir partir. Je me demande à chaque fois: "Quel mal dont je suis l'objet?". Pouquoi cette attitude? Pourquoi tout le temps cette réticense? Et, depuis ce jour, j'ai juré que jamais plus je n'admettrais quelqu'un sous mon toit sous aucun prétexte. C'est pour cette raison, quand ma soeur était rentrée avec sa troupe, bien qu'ayant de la place, j'avais refusé de les loger. J'avais bien appris la leçon.

Et pourtant, à l'arrivée de sa femme, j'avais cherché à savoir son adresse, et j'avais débouché un champagne pour lui souhaiter la bienvenue. J'avais voulu lui montrer que je ne suis pas rancunière. Malgré son mauvais comportement, s'il a pu vivre pendant huit ans sous mon toit dans ces conditions odieuses, c'est que mon désir était de vivre avec lui. Je ne sais pas s'il avait compris ce geste. Je dis aussi que la faute revient à moi parce que comme étant un adulte, je lui accordais plus de priorité que mes propres enfants. Je lui racontais tous mes secrets. Ma vie fut un livre ouvert. Il avait tellement de liberté qui s'était transformée en licence.

Pour illustrer ce que je viens d'avancer, après la cérémonie de prom, les élèves en tenue de gala devraient être accompagnés de leurs parents pour rentrer à la maison. Mon fils m'avait donné rendez-vous pour venir le chercher à 9:00 heures. Ce soir-là, au lieu d'aller le chercher, je l'avais oublié. J'étais restée à blaguer avec mon frère chez une amie. Et l'heure s'envolait sans m'en rendre compte. Lorsqu'enfin j'avais décidé d'aller à l'école, en arrivant tout était fini depuis bien longtemps. Alors, j'avais pris la route pour la maison. C'était pour trouver le directeur de l'établissement qui m'attendait impatiemment avec mon fils devant la porte. Il avait dû voiturer ce garçon qui m'espérait pour rentrer à la maison. J'ai eu honte de cet acte. J'avais éprouvé un profond sentiment de culpabilité parce que je ne faisais rien d'important que plaîre à mon frère en négligeant mon fils en ce jour aussi spécial. Je n'étais pas assez ferme pour défendre l'intérêt de mes enfants.

Alors, ma jeune soeur subjuguée par les rumeurs qui circulent autour de moi à cause de ma mère, et prise par la contagion du lavage de cerveau, m'avait fait ressentir ses appréhensions en disant aux enfants de ma soeur, tout en bégayant en ma présence, chez moi: "**Voyez-vous comment votre grand-mère s'était sacrifiée pour vous?** C'était pour me faire sentir que je ne suis rien dans l'affaire. **Et, s'ils sont tous entrain de vivre aux USA, c'est grâce à mes dévouements, à mes terribles et incessants sacrifices, à la compassion, et à L'AMOUR DE MON COEUR. Dans mon pays, il y a une vieille maxime qui explicitement traduit ce fait: "L'on remercie le chien par des coups de bâton".**

Mon jeune fils, vivant seul dans la maison et entraîné par de mauvais amis, était pris dans de beaux draps. Parce que pour répondre à mes multiples obligations, j'avais dû travailler 7 sur 7. Voulant résoudre le problème, comme étant donné que mes portes leur sont toujours ouvertes, je pensais qu'ils agiraient de même à mon endroit. Alors sans arrière pensée, j'avais téléphoné ma soeur pour lui demander si c'était possible d'accepter à garder cet enfant pour quelques jours chez elle, en attendant que je fasse le nécessaire pour le déloger. Ma jeune soeur a eu à me répondre d'un ton ridiculisant: "**Est-ce pendant que tu as des problèmes que tu penses à elle?**" L'on sentait de l'ironie dans sa voix qui voulait exprimer une chose cachée. Et, elle s'opposa comme une barrière à toutes mes suggestions. Elle m'a montré ouvertement sa position. **C'est cette réponse qui m'a permis de découvrir le fond de leur coeur, et les aversions qu'ils gardent contre moi.** Il y a dans mon pays une maxime dans la langue vernaculaire qui dit: "Quoi de bon Frisée a-t-elle réalisé pour Coucou pour la porter à nommer sa fille Frisélia à sa naissance? Et personne ne voulait l'accepter pendant ce laps de temps disant que c'est un enfant pourri qui viendra pour corrompre les leurs. Ils se réjouissaient de mon malheur.

Comme les seins quelle que soit leur grosseur, ne sont jamais trop lourds pour la fille, j'ai serré précieusement et fortement mon affaire sur ma poitrine, car mon but c'est de le sauver. Il est mon fils. Si Dieu devrait tenir compte de nos transgressions, nul de nous n'existerait. Car, tous ont péché et sont de ce fait privés de la gloire de Dieu. J'ai eu à chercher de l'aide auprès d'une amie d'enfance qui nous avait abrités en attendant que je fasse le nécessaire pour aller vivre chez moi. C'est cette même amie qui avait accepté à signer pour me faciliter l'acquisition de ma première maison. Voilà comment qu'on expresse son amour à quelqu'un. Quand on frappe à sa porte, très compréhensible, elle vous ouvre son coeur, elle est toujours prète à vous servir sans hypocrisie. Que Dieu dans son amour et sa bonté infinie daigne la bénir abondamment. Donc depuis lors, mes yeux se sont ouverts, et j'ai pris la décision de garder mes distances avec eux. (Mes très proches parents)

Un soir, pendant que ma jeune soeur était venue chez moi, je lui avais fait comprendre que s'il y a à se fâcher ou à adopter une attitude, ce serait moi, parce que toutes les humiliations, les misères et les péripéties que j'ai connues, c'est à cause d'eux. Si sa soeur ne faisait que pondre des enfants comme une poule pour n'importe quel salopard rencontré au bord du chemin, je n'en suis pas responsable. Et si salope qu'elle est, elle ne faisait que les ramasser pour en prendre soin, c'est son choix. La raison pour laquelle je tourne vers ma soeur maintenant, c'est pour l'encourager parce que j'ai constaté un changement chez elle. Cette dernière habite avec un homme qui prend soin d'elle.

Prise de peur, elle n'a jamais mis les pieds chez moi à ces paroles. A la fin de l'année, elle n'était pas venue me visiter, mais elle m'a envoyé par la poste une carte de voeux me disant qu'elle ne m'oubliera jamais. Je lui ai retourné cette carte en écrivant dessus un mot injurieux comme réponse. C'était pour leur exprimer aussi mon aversion, et lui dire que je comprends sa position. Ne pensez pas que vous pouvez venir jouer avec moi. Voyez-vous que je ressemble à un joujou? Par la suite, elle a fait savoir à tout le monde comment que je l'ai insultée. Comme toujours, les gens qui ne connaissent pas mon histoire me critique pour cet acte. Elle agissait malicieusement pensant que je suis comme elle, tellement bornée, je n'arriverais jamais à saisir ses intrigues. Et, je me suis dit: "Ils sont d'ailleurs tous des adultes. Ils peuvent facilement se débrouiller bien que très souvent ils ont recours à moi pour résoudre certains problèmes. Et, je me suis toujours mise de tout coeur à leur disposition. Ce n'est pas la peine de rester à souffrir de cette façon parce que les étrangers me font bon accueil, ils m'encouragent et me donnent envie de vivre. Se sentant seule, j'ai donc décidé de vendre la maison pour aller vivre dans un endroit éloigné. Je suis loin des comportements provocants, loin des regards suspects, loin d'être dérobée, loin des réflexions blessantes, loin des attitudes hypocrites, loin des moqueries. J'ai pris la fuite sans laisser de trace. Je me retire puisque c'est leur désir. Je n'ai aucun rapport à rendre à personne. Je me fais avec les autres qui m'apprécient, me réconfortent, et m'ouvrent leur coeur. Avec les étrangers, je me sens bien. Je me suis dit encore: **"Si je reste à souffrir, c'est mon choix"**. J'ai fini par réaliser que c'est moi qui dois me secouer pour sortir de cette situation parce que bien que vivante, ils veulent m'enterrer.

C'est comme une entente qu'ils ont entr'eux pour me martyriser. Il n'y a aucune loi qui m'oblige à souffrir à cause d'une maman, d'un frère et des soeurs qui me témoignent de l'ingratitude, et continuellement me choquent et me dérespectent. Tout le monde pense que je suis heureuse et contente avec eux parce que je ne parle pas. C'est mon grand défaut. J'aime trop garder le silence. J'aime trop passer l'éponge. C'est pour éviter la diffamation, les querelles, le tripotage et des scènes odieuses comme le faisaient la tante de ma mère avec sa fille. Ils ne connaissent pas mes secrets cachés, car je ne raconte jamais mes problèmes, ou du moins je n'avais pas encore découvert leur fond méchant parce que l'on juge les autres d'après soi.

Malgré mes problèmes, je souris toujours. J'avais appris à ne pas porter mes soucis aux autres, car ils n'en sont pas responsables. Même quand je vais au travail, j'avais aussi appris à déposer mon lourd paquet devant la porte d'entrée, quitte à le reprendre en partant, et d'accomplir ma tâche avec un coeur joyeux. Il y a quelqu'un qui a eu à me dire: "Vous et votre frère, vous vous entendez parfaitement bien hein! On n'entend jamais de tumulte entre vous". Et, pourtant... Et, pourtant... Si l'on savait... comme dit l'autre.

Quand le Seigneur nous demande de pardonner, c'est pour qu'il y ait la paix entre nous. Car, c'était sa façon de saluer ses disciples: "Que la paix soit avec vous"!!!

Je me souviens un jour, naïvement j'ai été rendre visite à ma soeur, et elle m'a servi un riz et pois dans lequel elle avait ajouté des saletés. En le mangeant, j'avais senti des grains de sable sous mes dents, et ce riz avait un mauvais aspect, et un goût bizarre. C'était un plat qu'elle avait bien préparé spécialement pour moi sachant que j'allais venir. Elle aussi sourdinement a voulu me piétiner, et méchamment m'a donné à manger de la malpropreté. Elle n'a aucun problème parce que tout le monde se tourne autour d'elle en acceptant ses saloperies, excepté moi. Et, je ne les accepterai jamais. Personne ne peut me les faire avaler. J'ai fini par découvrir que je ne représente qu'une chose qu'ils utilisent quand ils en ont besoin. Et, tous ces comportements sont adoptés sous la dictée de ma mère. C'est elle qui leur a fait un lavage de cerveau parce que je n'avais pas répondu à ses désirs mesquins. Je suis une carte marquée. Et malicieusement, cette soeur avait présenté l'une de ses filles à mon fils dans le but de faire le sexe avec lui pour contrarier son avenir. C'est la corruption dans laquelle elle voulait me faire plonger ainsi que mes enfants. Et, innocemment comme étant ma soeur, mon désir était de vivre simplement avec elle.

Je dois encore relater quand tous ils étaient rentrés aux Etats-Unis, j'attendais ce moment-là pour organiser une fête pour célébrer leur arrivée, et leur souhaiter la bienvenue. J'avais profité de l'occasion de mon anniversaire de naissance pour cette célébration. Ce jour-là, j'ai dansé comme une folle. Je leur témoignais mon contentement, mais j'ai constaté que tout cela était pour rien. Quand les enfants de cette soeur devraient être gradués après leurs études secondaires, je me suis tenue debout à ses côtés pour la féliciter et l'encourager voyant que c'était une bonne chose. Encore une nouvelle fois déçue, je me suis lavée les mains. Je me suis dit que le Bon Dieu m'a donné trois fils à qui prendre soin. Je leur donne maintenant tout l'amour et l'affection que bousculée par tant de soucis, je n'avais pas eu le temps de leur témoigner dans le passé à leur jeune âge. Ils sont pour moi une source de joie. Ils sont l'amour de ma vie. J'éprouve un grand chagrin de les avoir fait tant souffrir, parce que ma mère avec sa suite étaient comme mes propres enfants venus de mes entrailles. Ils sont toujours attachés à moi. Ils me suivaient partout où je suis. C'était devenu une habitude. C'était tout à fait normal qu'ils vivent avec moi. Je pensais toujours à eux.

Quelqu'un m'avait offerte une encyclopédie des "Belles Histoires de la Bible" pour enfants. J'avais le choix entre le Français ou l'Anglais. Oubliant que mes enfants vivent dans un pays anglais, j'avais choisi le Français en pensant aux enfants de ma soeur. C'est pour prouver combien qu'ils préoccupaient mon esprit. C'est après avoir reçu des gifles en plein visage que je me suis dit: "Mes enfants ne lisent que l'Anglais. C'est de l'imbécilité de ma part. Pourquoi avoir ces livres en Français?" Alors, j'avais fait l'échange. C'est pour faire ressortir comment j'avais oublié mes propres enfants en pensant fortement à eux.

Jusque récemment, j'étais à la recherche du travail. Je suis toujours en quête d'un travail où je serai mieux remunérée, car c'est moi qui dois faire face à tous mes besoins. J'avais donc trouvé un emploi qui demande que j'aie une connaissance dans la langue espagnole. Tout à coup, sachant que mon frère parle très bien la langue, je leur ai dit que j'ai un frère qui parle parfaitement l'Espagnol. Ils m'ont demandé de le faire venir. C'est ainsi qu'il travaille comme travailleur social à cet endroit jusqu'à présent. Mais, il a oublié que s'il détient cet emploi, c'est grâce à moi.

Je le redis encore: "Ce ne sont pas des reproches que je veuille adresser, loin de moi la pensée". Mais, je veux faire ressortir combien complaisante j'ai toujours essayé d'être avec eux, et l'ingratitude et l'irrespect qu'ils me témoignent.

Je n'ai pas besoin de gloire, je ne demande pas d'être couverte de lauriers, mais au moins montrez-moi que vous me comprenez et m'appréciez. Cela m'aiderait à mieux vivre. Cela atténuerait un peu de ma chronique dépression.

J'ai même demandé à mes enfants de rompre tout contact avec eux parce **qu'en manquant la bourrique, on attrape sa queue.** Mon deuxième garçon étant une personne au coeur à la main, c'est facilement qu'on arrive à le convaincre, et ils le savent. Je n'aurais pas aimé qu'il tombe sous leurs malices, et subissent les mêmes péripéties que j'ai connues. Je ne veux pas qu'il soit pris dans leurs pièges. Surtout que ma mère et ma soeur avaient voulu l'utiliser dans l'accomplissement de leurs stupides projets. Et aussi elle a une remplaçante en la personne de sa fille benjamine.

Je suis fatiguée d'être dominée, manipulée, jouée, insultée, intimidée, malmenée, ironisée. Je suis fatiguée de jouer à la bonne gens, rien que pour faire plaisir. A mon âge, il est maintenant trop tard de vouloir me contrôler. Et, je regrette de n'avoir pas pris cette décision depuis bien avant. Donc, j'ai ramassé en silence mon petit paquet, et je me suis enfuie sans laisser de trace. J'ai remarqué que si je continue à me taire, les roches parleront à ma place. Ce sont ici les gémissements de mon Coeur pour avoir trop souffert.

Même en allant vivre à ce nouvel endroit, ils ne faisaient que de la diffamation avec ma marraine qui m'avait téléphonée d'une façon très aggréssive en me traîtant de cachotière. Ils

170

étaient entrain de m'assassiner avec leur langue en épluchant mon dos. Cette dernière avait encore employé ironiquement d'autres propos pour me montrer que je suis si malapprise, qu'elle avait dû faire son intervention en ma faveur sans connaitre mes approches avec la personne en question. N'est ce pas de l'irrespect? C'est comme si j'étais dans l'obligation de lui raconter au téléphone des faits que je devrais strictement garder en secret.

Il y avait à peine trois semaines depuis que j'avais laissé l'hôpital après **un bypass surgery**. Au lieu de me réconforter après cette délicate intervention chirurgicale, elle aussi m'avait appelée pour me blesser le coeur. Et malgré qu'une autre fois, elle m'avait téléphonée. J'avais voulu la mettre au courant de mon état de santé, et je lui ai dit: "Je viens de quitter l'hôpital après une attaque d'apoplexie (stroke), et j'avais aussi des difficultés pour parler". Sans compassion, elle m'a répondu: " Je vois que tu t'exprimes très bien d'après moi". Et, elle m'a traîtée de méchante. Je ne sais quelle méchanceté dont elle est l'objet de ma part. J'avais dû l'arrêter pour lui dire: "Si tu m'appelles pour t'enquérir de mes nouvelles, fais-le, mais n'ajoute rien pour me percer le coeur, car je suis déjà blessée jusqu'aux os. Et, je me demande entre elle et moi, qui est la méchante?

Pour éviter que cette situation se répète, car je ne veux froisser personne, j'avais fait tout de suite disconnecter le service. C'est parce que vous avez accès à mon numéro que vous prenez à chaque fois un malin plaisir à m'appeler pour m'agacer et m'importuner.

Je suis délibérément vexée et humiliée par mes propres proches, des gens pour qui j'ai de très grandes considérations. N'ont-ils jamais sur leurs lèvres des paroles de réconfort? Ne savent-ils pas prononcer des mots douceureux ou adoptent-ils cette attitude quand il s'agit de moi? La raison, c'est qu'ils pensent qu'ils sont supérieurs et meilleurs que personne, donc ils agissent en conséquences pour vous le faire sentir. Voilà le traîtement que je reçois d'eux alors que je me montrais toujours compréhensive, accueillante, complaisante et conciliante. C'est une aversion que tous ils ont contre moi. Et, je ne sais pas trop pourquoi. Comme elle est ma marraine, je lui avais fait certaines confidences. Elle connait un peu de mon histoire. Elle connait ma peine. Ils sont tous sans pitié, sans miséricorde. Existe-t-il une loi qui m'exige à me créer un website sur ma vie privée et mes affaires personnelles pour leur faire plaisir, alors que les leurs sont minutieusement gardées en secret? Je me pose la question à savoir: "Pour qui me prennent-ils? N'ai-je pas moi aussi une personnalité? Comment, suis-je une enfant de services? Suis-je une "reste avec"? Suis-je une quantité négligeable que l'on traîte de n'importe quelle façon? Et tout ce qu'ils font de mes histoires, c'est de les exposer à leur façon à la criée publique pour m'apporter des ennuis. Je suis leur cible d'attaque. **Suis-je une banane mûre utilisée par tous ceux qui veulent essayer leurs dents pourries?** Et, tous ceux qui pensent pouvoir me critiquer ou me diriger sachant qu'ils sont des modèles, en jetant un regard retrospectif sur leur vie, c'est pour constater qu'elle n'est pas aussi fameuse que cela. Il n'y a rien d'extraordinaire. Ils ont eux aussi leurs problèmes qu'ils essaient de dissimuler pour se montrer intègre. Ce sont des tonneaux vides qui résonnent très fort.

Mon père répétait toujours, la raison pour laquelle il s'éloigne de ses cousines c'est qu'elles pensent qu'elles sont meilleures que personne. Comme elles sont ses proches, il sait aller leur rendre visite. Mais elles le regardèrent d'un air hautain en pensant qu'il est venu pour quémander parce qu'il est dans le besoin. Et, elles lui dirent à chaque fois: " Je n'ai rien à te donner". Puisque je suis sa fille, c'est la même stupide tradition qui continue. Dans leur orgueil, elles pensent que c'est un honneur qu'elles vous font même en venant chez vous. Elles veulent me donner le même traîtement qu'elles donnent aux enfants de l'une des soeurs de mon père qui malheureusement avait une vie très immorale. Ce sont des gens à esprit colon des précieuses ridicules comme dit l'Humouriste Français Molière.

Mais, Evelyne est une révolutionnaire qui ne se laisse pas faire. C'est pour cela que l'on dit que je suis susceptible. Il faut qu'il y ait quelqu'un qui élève la voix contre ce genre de préjugé, car nous sommes tous de la même famille. Je pense qu'on adopte une certaine attitude après avoir reçu un mauvais coup de quelqu'un. Quel est donc ce mauvais coup qu'elles ont reçu de moi? Je suis une personne très indépendante, et je respecte tout le monde.

Je prends la décision maintenant de vivre avec des étrangers. Car un ami très souvent vaut mieux qu'un frère. Selon la bible, nous sommes tous frères en Jésus-Christ. Des fois, il vaut mieux avoir un chien à ses côtés au lieu d'une espèce humaine que l'on dit dotée de jugement et de raison. Cet animal sans ambages vous expresse son amour, vous amuse et vous protège. Après tout, je me suis dit: "Il faut ces genres de personnes pour faire marcher le monde, sinon, la vie serait monotone". Cela vous permet de créer une parallèle entre les humains, et d'établir une différence. C'est la loi de l'équilibre. Mais, c'est bien malheureux que cette loi soit applicable à mes propres parents!!!

CHAPITRE X

MES AMOURS

Etant toujours obsédée par des obligations familiales, mon attention, mes regards s'étaient toujours portés vers mon frère et mes soeurs pour plaire à ma mère. Ils étaient pour moi, comme déjà dit plus haut, des enfants qui viennent de mes entrailles. Je m'oubliais moi-même pour eux. Tout ce que je faisais était dans leur intérêt. Je ne veux pas les voir souffrir. Et sans m'en apercevoir, ils m'abusaient. A l'école, j'étais très studieuse, mes yeux toujours plongés dans mes livres. J'avais un idéal très élevé. J'avais un seul but: **"REUSSIR"**. Réussir pour lever la face de cette famille pauvre dont je suis l'aînée. Je dois leur tracer le bon exemple et leur ouvrir la route. Je voulais être un modèle parce que je n'aimais pas les conditions dans lesquelles je vivais. Je voulais réussir pour devenir quelqu'un dans la vie. Et, j'avais voulu en sortir d'une façon respectueuse et honnête.

Je ne sais si c'était pour émousser mon amour propre, mon

père répétait tout le temps que les filles sont des putes, et qu'il n'a rien à espérer de ses filles. Ces mots cruels sont tombés profondément dans mon coeur, et m'ont terriblement offensée. Donc, J'avais voulu lui démontrer que les filles sont des gens de grande valeur, des gens conséquents, des gens sur lesquels on peut compter, des gens qui sont capables de grandes choses. Par conséquent, j'évitais de tomber dans toutes sortes de crapuleries. Je menais une vie droite, car j'aime à marcher avec la tête haute. C'est pour cela que je deviens furieuse quand je me vois mal jugée, ou que l'on s'attaque à ma personnalité. Car, j'ai un superbe respect de ma personne. Je ne voulais pas être pointée du doigt. Bien que pauvre et misérable, j'avais voulu réussir par mes propres forces. C'est ainsi que ce qui comptait pour moi était mon église et mes études. Je ne comptais jamais sur personne, et je n'avais pas en perspective quelqu'un qui pourrait me lancer en quelque sorte. Mon espoir était en Dieu seul.

J'étais aussi foncièrement religieuse essayant d'observer à la lettre les commandements du Seigneur. Donc, je travaillais en conséquence. J'apparaissais drôle à la vue des autres, surtout des petites jeunes filles de mon âge, car leurs conversations n'étaient pas les miennes. A l'école, j'étais toujours parmi les premières. Il existait une rivalité entre moi et une autre camarade de classe. A la remise des bulletins du mois, on surveillait à qui serait la première. Si ce n'est pas elle, c'est moi et veci verça. Quand mes contemporaines parlaient de leurs amourettes, cela ne m'intéressait pas parce que je ne partageais pas leurs opinions. Ce n'était pas mon genre de vie. J'avais trop de soucis pour penser au plaisir. Je ne voyais que mes études auxquelles j'étais toujours assidue, et je réfléchissais à comment sortir de ce genre de vie le plus vite que possible. Et surtout, j'évitais d'être contrariée par aucune subtilité. Mes yeux étaient fixés sur un seul but: **"réussir"**.

Depuis l'âge de quinze ans, je gagnais mon petit argent en donnant des leçons particulières à domicile. A dix sept ans, après tant de lutte, j'avais fini par obtenir mon brevet, et j'étais rentrée à l'Ecole Normale d'Institutrice où j'avais passé deux ans afin de finir au plus vite. Par drôle de coïncidence, lorsque je devrais me présenter aux examens officiels de l'Education Nationale pour l'obtention de mon diplôme d'institutrice, ce fut la tante de mon premier mari (soeur de son père) qui fut Inspectrice au Département de l'Education Nationale à l'époque. C'est elle qui présidait les examens du passage. Et, elle me les avait fait subir.

Par chance, et grâce à l'aide des bénédictions du Seigneur, j'avais soufflé une interjection de soulagement quand j'avais trouvé tout de suite un emploi à l'une des plus grandes écoles très connue et renommée de la ville. Donc, j'avais commencé à toucher honnêtement à de l'argent. Je m'étais sentie heureuse. Je dois dire encore en passant, si j'avais trouvé ce job, c'était grâce à une tante de mon mari qui était mon fiancé à l'époque. Cette dernière était un membre très influent, diaconesse à l'église de l'établissement.

Quand on est une fraîche petite fleur très éblouissante, on est attiré par les papillons et les abeilles qui ne cessent de vous taquiner. C'est ainsi qu'à l'âge de dix neuf ans, j'étais à la fin de ma deuxième année à l'Ecole Normale, j'avais fini par me soumettre aux supplications d'un prince charmant de qui j'étais tombée amoureuse. Il devrait devenir par la suite mon mari avec qui par faute d'expérience, j'ai connu tous les déboires et les plus graves déceptions du monde. Cet homme appartient à l'une des plus grandes familles de la capitale. De lui j'étais extrêmement amoureuse parce que pour moi, il était l'homme idéal, étant le prédicateur de l'église que je fréquentais. Je voyais en lui un homme sérieux avec qui je connaitrai le bonheur. Ce fut au contraire pour mon malheur. Il fut mon premier amour.

A cause de son appartenance sociale, mon mariage fut des plus grandioses. L'église fut remplie à craquer. Le corps médical, les nombreux parents et amis, les collaborateurs au travail, les élèves, la presse, les décorations, les fleurs de toutes parts: j'étais éblouie. C'était comme le Prince qui a épousé Cendrillon. Des cadeaux me venaient de partout. Tout le monde nous complimentait pour ce beau mariage. Nous sommes restés fiancés deux ans pendant lesquels nous donnions aux autres l'envie d'être fiancé. Lui était pasteur-prédicateur de l'église, moi j'étais présidente de la jeunesse et professeur à l'école du Dimanche.

Il était éloquent dans ses sermons. Il avait un style dégagé qui vous porte à l'écouter, et j'en étais fière. Ce fut un moment de fièvre. C'était de l'amour dans l'air. Il y avait même une jeune fille de l'église qui me manifesta sa jalousie. Elle s'attendait à ce que ce soit elle l'élue de son coeur étant élevée à l'église depuis longtemps. J'étais une intruse venue pour détruire ses espérances. J'étais celle qui avait remporté la victoire, celle qui avait gagné le gros lot.

Quand il venait en visite chez moi, ma petite soeur était celle qu'il aima le plus. C'est sur ses genoux qu'il la porta. Tout marcha comme sur des roulettes. Nous étions un exemple et en conduite et en parole. La façon dont mon fiancé agissait, était impeccable jusqu'à preuve du contraire après notre mariage. Je dois ajouter que durant nos deux ans de fiançailles, je ne me suis pas laissée toucher. J'étais prête à tout abandonner s'il me le proposait. On faisait des romances, mais pas de sexe. J'avais peur d'être tombée enceinte. Je me souviens pendant qu'il m'embrassait, dans une étreinte, il s'est écrié: "J'ai éjaculé"! Je me suis dit en moi-même: "Qu'est ce qu'il raconte comme ça?" Je ne connaissais pas la signification de ce mot. Le jour de ma première menstruation, ma mère m'avait fait cette recommendation: "A partir d'aujourd'hui, tu es une femme. Cela veut dire que tu es capable d'être enceinte. Ne joue pas avec les garçons!" J'avais peur de ces derniers. Quand ils m'approchèrent, je prenais la fuite.

A l'âge de vingt et un ans, je me suis mariée vierge et pure, et de l'esprit et du corps. J'étais une grosse imbécile, une sotte qui était rentrée sans aucune expérience dans la vie conjugale. Mon baggage était seulement théorique. J'avais fait beaucoup de provisions concernant l'économie domestique, la puériculture, l'entretien du foyer, comment vivre avec son mari, et élever un enfant. Je m'attendais à appliquer ces connaissances dans mon foyer. Lui, il avait vingt neuf ans.

Comme déjà dit plus haut, je ne m'étais intéressée à aucun homme. Je ne le connaissais pas à fond. C'est en allant participer aux études bibliques de son église que j'avais fait sa connaissance. Il fut mon instructeur. Il m'avait dit qu'il était à la recherche d'une femme modèle, et il priait dans ce but. Dès que je suis rentrée pour la première fois à l'église, il savait que j'étais celle que le Seigneur lui a désignée. Ce fut pendant son voyage d'études à Washington qu'il m'avait envoyé une lettre me déclarant son amour. Je l'avais reçue à mon école. Ce que j'avais fait de cette lettre, tenez-vous bien, je l'avais remise à ma mère. A son retour, nous avions discuté sur ce sujet. Nous avions fait de plus amples connaissances, et le grand amour a commencé. Je ne savais même pas comment aimer. Je voyais en lui un saint homme, un envoyé de Dieu. Et, je dois ajouter en passant, comme ma mére avait l'habitude de fréquenter toutes les églises de la capitale, c'est elle qui m'avait introduite et m'avait intéressée à venir dans ce temple où jétais une parfaite étrangère.

J'avais fini par découvrir par la suite que la famille à laquelle il appartient est une famille détraquée. Pour réussir à trouver un conjoint, ses membres ne cherchent pas dans leur milieu. Ils vont ailleurs s'attaquer aux gens qui ne les connaissent pas, des gens qui ignorent leur histoire. Il faut vivre dans leur sein pour en être témoin. Sous une apparence de piété, ils se présentent dans les petites familles pour se faire aimer. Etant d'une grande famille, ils sont les bienvenus partout où ils passent. Ils sont toujours bien reçus. Ce sont des gens irréprochables selon l'opinion commune. Et, ils le savent. Ils ont un comportement qu'ils n'ont rien à recevoir de personne. Ils sont si uniques, si impeccables et exceptionnels qu'il revient à l'autre de les écouter et les imiter. Il se sentait si pur qu'il l'a manifesté même à son propre petit fils.

Après la naissance de son premier bébé, malgré les mauvais comportements de son père à son endroit, j'avais suggéré à mon fils de lui pardonner, et de lui rendre visite avec ce petit, car qu'on le veuille ou non, il est son grand-père. Mon fils était donc allé à son travail pour cette visite. La réaction de cet homme était de donner un cadeau très significatif à l'enfant. Ce fut un ballon à deux couleurs: moitié blanche, moitié crème parce qu'il n'aime pas la femme de son fils. Il lui disait que sa femme lui rappelle sa maman (moi-même) parce qu'il est pur et saint. Mon fils a été terriblement vexé de cet acte.

Ils sont comme une superbe carpette que l'on dépose sur les excréments d'un chat pour étouffer l'odeur qui montera toujours de toutes les façons. Donc, au lieu de se débarrasser de cette charogne qui les empoisonne, ils la gardent, ils la cachent pensant que personne ne le saura. Pourtant, ils se trompent. Ils croient qu'ils sont si malins que personne n'arrivera jamais à les découvrir. Mais la manifestation de leurs malices cachées se reflète sur leur visage et apparaîtra quand même un jour. C'est ce qui fait que c'est une malédiction qui se perpétue de père en fils. Ainsi, j'ai été prise à ce piège.

Cependant quelqu'un qui est rempli avec l'Esprit de Dieu détectera tout de suite cette mystification. L'on dit aussi d'eux que pendant leur agonie avant leur mort, il ne faut pas s'approcher d'eux parce qu'ils auront besoin de quelqu'un pour transmettre ce mauvais esprit afin de s'en défaire avant de mourir parce qu'ils ne peuvent pas partir avec. Ils seront bouleversés, et leur agonie sera pénible. Leurs âmes doivent être libérées avant qu'ils s'en aillent.

Après avoir connu une enfance malheureuse, c'est alors que mes souffrances allaient commencer parce que selon ma conception, je m'étais mariée pour la vie. Avec cet homme que j'adorais parce qu'il était pour moi l'homme idéal étant prédicateur de l'Evangile de Jésus-Christ, j'ai conçu trois garçons. C'était une malédiction qui était tombée sur moi, un démon qui était rentré dans ma vie. Perplexe, je ne pouvais rien raconter à l'église parce que tout le monde sait que je suis la plus heureuse des femmes. Je me suis trouvée dans une situation où je devrais me taire pour ne pas causer du scandale à l'église. Je me suis sentie perdue, désorientée. Car nul ne me croira. Je ne savais à quel saint me vouer maintenant déchirée entre l'amour de mon foyer et celui de ma famille. Et tripotée par ma mère qui me racontait des histoires épouvantables, je me suis demandée: "Ai-je bien fait de m'unir à cet homme? Et, j'ai pris peur. J'étais tombée dans une terrible dépression qui réclamait les soins d'un psychiatre. Car, je voyais qu'avec lui un bel avenir s'ouvrait devant moi. Je pensais trouver le bonheur, mais ce n'était que chimère, pour répéter après l'autre. C'est à ce moment que j'avais commencé par perdre mon innocence.

Mon mari m'avait transportée dans un drôle de monde. Dans ma maison régnait un silence de cimetière: rien que de la musique classique jouée tout bas, rien de plaisant, pas de bal, pas de cinéma, pas de théâtre, pas de comédie; rien de divertissement: pas de dance, pas de blagues, pas de rire aux éclats sous le prétexque que ce sont les gens vulgaires qui agissent de cette façon. Pas de radio, pas de musique entraînante, pas de visite, pas de maquillage, pas de bijoux, **rien que le sexe à la tombée de la nuit.** Ce qui me porte à haïr cet acte. Pour moi, c'est une action bestiale à laquelle je ne prenais jamais plaisir. C'est pour moi une torture. Il me disait qu'une femme doit se soumettre à son mari. Par conséquent, je ne devais pas lui refuser. C'était pour moi une obligation. J'étais un objet sexuel, une machine à fabriquer des enfants. J'avais perdu le sourire qui commençait à rayonner sur mon visage.

Je me souviens un premier Avril, j'ai voulu jouer à "Faire courir le poisson" comme tout le monde le fait pour s'amuser. Il était dans la chambre, et j'ai été frapper à la porte comme si quelqu'un s'y était présenté, et je lui ai dit: "Ton docteur est à la porte, et il te demande". Il s'était tout de suite déplacé, et s'était précipité à la porte. Alors je me suis mise à rire de toutes mes forces pour lui dire: "Poisson d'Avril". Cet homme était resté bouder et fâcher pendant deux jours. Il a eu à me dire: "Ne savez-vous pas que l'on sait tuer des gens à cause de ces genres de plaisanterie". J'étais étonnée. Depuis ce jour, je me suis gardée de faire des taquineries. Je devrais être mise à mort à cause de cette bagatelle. Je dois maintenir une tenue sérieuse tout le temps.

J'avais été assister avec lui à une soirée de croisade donnée par l'un de ces évangélistes étrangers venu au stade. Pendant la cérémonie, une grosse fourmi ailée a choisi de se plonger à l'intérieur de mon corsage, et me piquait douloureusement. Ma brusque réaction était de me débarrasser au plus vite de cet insect qui se glissait plus profondément sous mes seins. Donc, tout en grimaçant, j'avais déboutonné mon corsage, et j'avais mis ma main à l'intérieur de mon soutien gorge, et cherchais à l'attraper. Au lieu de me venir en aide, j'avais été blâmer pour cette conduite répréhensible et insociable.

Arrivé à la maison, fâché il m'a dit: "Pourquoi aviez-vous fait toutes ces grimaces? Ne saviez-vous pas que vous étiez en société?" Je devrais rester immobile aux incessantes piqûres brûlantes de cet insecte poisonneux. **Oh Société! Que de respects et de révérences que l'on vous témoigne! Combien heureuse serais-je, si je pouvais moi aussi jouir de ce privilège!**

Comme il est mon mari, je recherchais la tendresse auprès de lui. Je me souviens au début de notre mariage, pendant que nous marchions côte à côte, comme un couple marié, je l'avais tenu par la main. Ce qui était pour moi tout à fait normal. Sa réaction était d'arracher sa main de la mienne. Donc, je n'ai jamais répété ce geste. Selon lui, nous devions nous comporter comme deux inconnus. Ce n'est pas une attitude à avoir en public. Notre intimité devrait se manifester seulement pendant la nuit sur le lit.

Il voulait de toutes les façons me dominer pour me rendre nulle. Ainsi, il est rentré dans tous les domaines. Il répétait souvent que selon la Bible, l'homme est le chef de la femme.

Comme dans mon pays il y a le service des domestiques, j'avais employé une bonne, et je m'étais entendue avec elle concernant son salaire du mois. Il est allé en secret vers cette dame et lui a demandé combien que j'ai décidé de lui payer. Et, il lui a dit: "Ne t'occupe pas de l'offre de ma femme, voilà ce que moi je vais te donner". Depuis ce jour cette dernière m'a montré une attitude d'insoumission. Elle se sentait protégée. N'est-il pas de l'irrespect? Je l'avais ainsi tout de suite révoquée. On dit que c'est ainsi son père agissait avec sa mère. Dans la maison, il avait tout sur son contrôle. Il avait arraché tous les droits des mains de cette femme .

C'est mon mari, je pensais prendre soin de lui comme une vraie femme soucieuse. Avec le climat tropical de mon pays, il fait chaud et l'on transpire beaucoup. Après avoir porté et transpiré dans une chemise pendant trois jours, je voyais sa place dans le panier à linges sales. C'est ainsi que j'avais mis l'une de ses chemises parmi les vêtements sales parce qu'elle sentait de la sueur. Il est allé la reprendre, et l'a encore reportée pour aller au travail en me disant très fâché: "Je ne veux pas que mes habits soient abîmés en les lessivant trop souvent. Ma mère ne m'a jamais laissé porter des vêtements sales". Il s'oppose à tout en voulant me dominer dans la pensée qu'il ne veut pas être contrôlé par une femme dont il est le chef. Depuis ce jour, que ses habits sentent de la sueur ou non, qu'ils soient sales ou non, bien que cela m'ennuie, je le laisse le choix de les porter. Je fermais les yeux pour éviter des chocs inutiles.

J'avais été avec lui chez un couturier pour confectionner un pantalon pour notre fils. La mode à l'époque était de porter des pantalons aux larges jambes que l'on appelait "pattes d'éléphant". Ce qui était pour moi très élégant. Alors très enthousiasmée, j'avais demandé à cet homme de faire de mon fils un modèle. Mon bébé avait deux ans et il était très mignon. Pour moi, il était le plus beau bébé du monde. Mon mari est retourné auprès du tailleur pour lui dire de ne pas tenir compte des demandes de sa femme, et de couper le pantalon avec les jambes étroites. Il brise tout votre élan. Sa stupide pensée était pour observer les Saintes Ecritures qui disent: "N'aimez pas le monde, ni les choses qui s'y trouvent". Donc, vous devez ressembler et vous comporter comme un désuet. Les jambes de ce pantalon étaient tellement étroites que l'enfant n'a pas pu le porter. Je pense que ce tailleur ayant découvert sa mesquinerie avait fait exprès. Et voilà de l'argent et du tissu gaspillés à cause de ses stupidités.

J'avais commencé à perdre mes facultés de productions. C'est moi qui toujours trace et couds mes robes. Je fus la plus grande couturière de mon quartier, car j'avais un atelier de couture. Je me suis vue entrain de donner mes habits à confectionner.

Comme je travaillais dans une grande école aristocrate, mon apparence comptait pour beaucoup. Pour répondre aux exigences du moment, je devrais maintenir une belle présentation. Pour changer de style, j'avais acheté une jolie petite perruque aux cheveux courts. Cet homme était fâché jusqu'à me dire si je ne vois aucune autre chose à faire de mon argent. N'est-ce pas de l'imbécilité?

A l'église, comme femme de prédicateur, je jouais hypocritement aux bonnes gens pour montrer aux autres comment que je suis heureuse, et l'on pensait que j'étais la femme la plus chanceuse du monde. Pour aller au culte le Dimanche, je devrais tout le temps porter des habits aux couleurs sombres, très colletés, et aux manches longues; jamais de rouge, les couleurs éclatantes m'étaient interdites. C'est comme si je vivais dans un trou. Il me défendait d'avoir des amis en me disant: "Pour une femme mariée, son seul ami doit être son mari". Donc, de cette façon, je n'aurai pas l'occasion de raconter mes déboires. Il me disait qu'une femme doit suivre son mari partout, et doit lui obéir. Il pensait qu'il était un modèle que je devrais imiter aveuglément. Je n'avais pas droit à mes propres opinions. Et, si je ne me soumettais pas à ses ordres, j'étais moralement torturée. Il adopta un visage cynique pour m'intimider. Je fronçais tout le temps les soucils. J'étais tout le temps boudée. Et, toujours pour me tromper, il a toujours une prière à laquelle il me demande de participer. Quand quelque chose drôle se passe, il me dit: "Allons prier, allons prier" pour m'aveugler et me faire oublier sa méchanceté. Et pour m'impressionner, il pleure. Mais, ce n'était que des larmes de crocodile. Il m'avait dit un jour, comme le disait l'apôtre Paul: "A chaque fois que je veux me débarrasser de ce cadavre, il est resté attacher à mon dos. Moi, voyant le côté religieux de l'affaire, j'étais d'accord pour prier avec lui et accepter ses exigences. Que c'est dur de partager sa vie avec quelqu'un pareil! Les Saintes Ecritures nous dit: **"Lorsque l'esprit du Seigneur est sur vous, c'est la Liberté"**.

Je me souviens qu'à la graduation de Samy, j'avais apporté une caméra. C'était normalement pour prendre ses photos. Quand pendant la procession des élèves, j'ai voulu me déplacer, il me l'a défendu. Je lui avais demandé: " Est-ce mon postérieur a des racines? Est-il collé sur la chaise?" Je devrais restée figer à ma place en donnant un petit sourire hypocrite sans exprimer mon contentement. Par expériences personnelles, j'ai remarqué que beaucoup de femmes de Pasteur ont des problèmes psychologiques. Mes chères amies femmes, je vous conseillerais de bien réfléchir avant de vous engager dans ce domaine.

Ma seule distraction était mon travail. J'allais à l'établissement avec un coeur joyeux. Avec mes collaboratrices, je me distrais, avec mes élèves, je me détendais, mais journée finie, mon coeur se serrait. Il faut coûte que coûte que je reprenne le chemin de la maison. Mon coeur se déchirait entre mon foyer et mes parents particulièrement ma mère qui constamment chantait à mes oreilles parce que constatant le déroulement de la situation. J'avais de l'amertume en plein. Ce qui me porta parfois à avoir des réactions violentes avec mon fils, que je regrette après. J'avais envie de m'évader.

J'avais donc fini par être en connaissance de l'histoire de cette famille après recherche. J'ai appris que ce sont des gens à apparence religieuse, mais qui pratiquent profondément les sciences occultes. Le contact avec les esprits qu'ils interpellent leur dérange l'esprit. Pour faire ces genres de cérémonies, ils se servent d'un médium. Si ce dernier n'est pas assez puissant pour répondre à l'appel de l'esprit, il peut tomber raide mort, ou avoir l'esprit affecté. Le plus souvent, le mari se sert de sa femme dans ces genres de cérémonies maléfiques. Ils dominent leurs femmes pour les rendre nulle dans l'exécution de leur projet macabre. Alors, j'ai pris peur, ne sachant pas ce qu'il a en tête. C'est alors que je me souviens pendant les temps de nos fiançailles, il me défendait de m'approcher de sa soeur que l'on dit "folle" en me disant qu'elle va jeter son fluide sur moi. Son père se servait d'elle aussi comme médium.

Cette dernière, une fille bien préparée, rentrait des fois en trance. Pendant ce moment de crise, son visage se transforma. Elle se mettait à attaquer et persécuter son entourage en prononçant des mots incohérents. Elle fut une personne bouleversée, tourmentée, une possédée du démon. Un jour pendant qu'elle était en transe, elle a dit à sa mère: "N'y a-t-il rien à manger? J'ai faim. Donnez-moi à manger" avec un ton autoritaire. Tendrement, sa mère lui répondit: "Sois gentille ma fille". Cette dernière est allée sauvagement ouvrir la porte du régrigérateur dans lequel il y avait un lambi cru dans un bol. Elle l'a pris et l'a dévoré comme un chien enragé. Etant une pharmacienne, elle n'a jamais pu exercer son métier parce qu'elle était handicapée par cette malédiction.

A la vue de ce drame, je devrais discontinuer toutes les relations avec cet homme, mais comme l'amour est aveugle, et surtout ignorante de cette affaire, je me suis dit qu'il a une soeur folle parce que ce sont des choses qui arrivent dans une famille. Chaque famille a ses problèmes cachés.

Il avait encore une autre soeur qui très jeune est morte d'une tumeur au ventre. Elle a eu à subir plusieurs interventions chirurgicales répétées, et à chaque fois la tumeur ne faisait que grossir de plus en plus. Mon mari a eu aussi à me dire que la maladie de cette soeur est causée par son cynique père-médecin qui lui donnait à avaler des étranges pillules et lui administrait des drôles de piqûres. Elle était comme un cobaye, son expérience de laboratoire. Puisqu'il avait beaucoup d'enfants, il n'avait pas hésité à utiliser l'un d'entre eux. C'est pour cela qu'il ne prenait jamais les médicaments que son père lui ordonna.

Pendant nos fiançailles, sa grande soeur était atteinte d'un genre de crise qui la faisait courir partout ne sachant où se donner la tête, et à quel saint se vouer. Elle était comme poursuivie, et cherchait un refuge pour se cacher. Elle avait même tenté de venir se loger dans ma petite maison, alors qu'elle habitait un château. Elle me demanda pourquoi suis-je entrain de rire alors qu'elle a perdu sa joie. Il y avait quelque chose étrange

qui se passa chez elle. Son mari qui fut un prêtre orthodoxe
ne savait quoi faire pour sauver sa femme. Il l'avait envoyée
passer quelques jours de vacances à l'extérieur du pays. C'est
après ce voyage, qu'elle était revenue à la normale.

Il a une autre soeur qui est infirmière. Elle travailla dans
un hôpital dans l'une des villes de province. Ce fut à l'époque de nos fiancailles. Pour les vacances d'été, elle m'avait
demandé de venir passer quelques jours avec elle, et en même
temps de faire la connaissance des lieux. Nous dormions sur un
même grand lit. Pendant l'une de ces nuits, cette femme avait
voulu faire le sexe avec moi. Sans ouvrir la bouche, ses gestes
m'indiquaient une demande. Mais, j'étais restée inerte, alors
qu'elle m'avait réveillée par ses étreintes et ses soupirs. Bien que
j'eusse senti une sollicitation dans son attitude, je ne répondais
pas. Je m'étais demandé: "Quel est son problème?" Pourquoi
agissait-elle ainsi?" Mon esprit était loin de cette sodomie.
La raison, c'est que je n'avais jamais eu de relations sexuelles auparavant dans ma vie. Donc, je ne savais pas comment
le pratiquer. Et surtout, j'avais une peur bleue de commettre
le péché. C'est bien longtemps après que je m'étais rendue
compte que son désir était de me porter à faire le sexe avec elle.
Merci Seigneur de ne pas me laisser succomber à un tel péché.
Oh! Quelle honte aurai-je éprouvé de ma personne!

Cette soeur-là assouvie, s'est mariée aux Etats-Unis avec
un homme qu'elle ne connaissait pas, qui est de famille très
modeste, et qui se disait pasteur. Ce dernier était allé la rejoindre. Pendant ses fiançailles, à chaque fois qu'elle voulait

lui écrire, elle s'adressa à moi pour le fond, la forme et les corrections de ses missives. Elle avait décidé un jour de visiter son pays, et aussi de prendre connaissance des parents de son mari. Mais ce dernier, connaissant les conditions de vie de sa mère qu'il voulait lui cacher, lui avait strictement défendu cette visite. C'était pour éviter que sa femme ne voit sa pauvreté. Pour lui, il se sent honoré. C'est un privilège d'avoir épousé une fille d'une aussi grande famille dont il fait parti, et il agissait comme un resquilleur. Il s'entend parfaitement avec eux en acceptant de tout coeur toutes leurs inepties. Sa femme est une grande dame venue d'une grande famille. Il ne voulait pas qu'elle ait une idée de sa provenance.

Par curiosité, malgré l'interdiction de son mari, elle m'avait demandé de l'emmener chez sa belle-mère. Elle m'avait dit: "Je ne sais pourquoi mon mari me défend d'aller visiter sa mère?" Elle ne savait pas l'idée que son mari se faisait d'elle. C'est qu'il a l'honneur d'épouser une fille extraordinaire. Il a une grande révérence pour cette famille. Donc, sur son insistance, je l'avais conduite effectivement chez sa belle-mère qui habitait une cahutte. A sa vue, cette vieille était tellement surprise et décontenancée qu'elle a reçu un choc. Elle avait perdu la tête. Et, elle est morte quelques semaines après à la suite de ses émotions.

Pendant nos fiançailles, je me souviens qu'à chaque fois que j'allais visiter cette famille, je trouvais la mère de mon mari, une belle mûlatresse, toujours bien mise, figée au même coin en silence comme un mannequin. Même si on la saluait, elle n'ouvrait pas la bouche. Elle vous donnait un regard hagard, et poussait seulement de profonds soupirs sans mot dire. Cette dame était revenue à la normale qu'après la mort de ce mari malfaiteur. Mon mari se sentait gêné quand je lui rendais visite. J'avais moi aussi éprouvé une drôle de sensation que je n'arrivais pas à expliquer. Il me disait que son père utilisait sa femme pour son médium. Mais, toutes ces paroles, toutes ces histoires qu'il me racontait, étaient pour moi du Chinois. Je ne comprenais pas ce qu'il énoncait. Innocemment, je voyais en lui le côté religieux.

Cette malheureuse avait douze enfants en vie. Elle enfanta chaque année dans la maison. Elle a eu deux enfants nés en Janvier et en Décembre de la même année. Quand son heure d'accouchement arriva, elle ne se présenta jamais à l'hôpital. C'était son mari-médecin qui se chargea de ce job, sous le prétexte qu'il ne veut qu'aucun autre homme voie les parties génitales de sa femme. C'est pour cela, d'après les dires de mon mari, qu'elle avait perdu son premier bébé. Elle avait des difficultés pour accoucher, et son mari l'avait laissée seule en labeur pour aller chercher une femme-sage. Pendant son absence, l'enfant est né avec le cordon ombilical autour du cou, et il est mort asphyxié. Ses parents voulaient appeler ce petit: "**Samuel**". C'est en mémoire de ce frère disparu tragiquement qu'il a donné à son premier né à porter le même nom. Et, je l'appelle "**Samy**" comme pseudonyme.

Le ventre de cette dame était toujours gros. On n'arrivait pas à faire la distinction si elle portait un bébé ou non. Cette dernière était tenue captive par un mari cynique et mesquin qui la dominait en lui menant la vie dure. Il lui défendait d'aller au travail pour ne pas être vue d'aucun autre homme. Voyant que ses enfants sont devenus grands, son beau-fils, le prêtre orthodoxe lui avait fait trouver un emploi comme secrétaire à un bureau afin de l'aider à sortir de son état languissant. Son mari jaloux et obsédé, l'a avilie sur les journaux pour cause d'adultère à cause de cela. Et cette misérable femme avait perdu la tête après cet évènement. Car elle était surprise par ce fait qu'elle ignorait. Ce sont ses collaborateurs au travail qui lui ont montré l'article sur les journaux. Oh! Ces gens-là connaissent quel méchant moyen utilé pour vous maîtriser et vous briser le coeur! Et son mari de lui dire: "**Si j'avais agi ainsi, c'est parce que je t'aime trop. Je veux que tu sois tout le temps auprès de moi à la maison**".

Cela me rappelle la légende du singe qui avait tué son maître parce qu'il l'aimait trop. Celui-ci était allé en sa compagnie sur la plage. Pendant qu'étendu par terre il dormait, une grosse mouche tourbillonnait sur sa tête, et cette macaque pour le protéger de cet insect nuisible, s'était armée d'une grosse pierre qu'il lança de toutes ses forces sur la mouche. Ainsi, il a supprimé son maître. C'est un des exemples typiques parmi tant d'autres de tout ce qu'un mari méchant et dérangé peut faire subir à une innocente femme.

J'avais fini par découvrir, comme dit le proverbe: "Tel père, tel fils". Cet homme voulait me faire subir les mêmes sorts, parce qu'il connait tous les secrets de son père. Il m'avait mise aussi sur les journaux pour incompatibilité de caractère. Je n'étais pas surprise parce que je m'y attendais. Et, je me suis dit qu'il a commis une erreur, il devrait au contraire dire comme son père pour cause d'adultère.

Il me raconta encore que l'un de ses frères est mort, tué par son père qui voulait l'initier dans ses cérémonies occultes. Il y avait tant d'enfants dans la maison que sa pauvre mère avait perdu tout son contrôle. Ils se chamaillaient entre eux pour un autre petit frère avec qui ils jouaient comme une poupée en le tirant par la tête et par les membres. Ce malheureux s'était échappé de leurs mains et tomba. Sa tête heurta le sol, et le lendemain, il était mort. Personne ne connaissait la cause de sa mort. Ce n'est que pour citer que cela. C'est pour cette raison, quand je lui adressa des reproches concernant sa conduite, il me répondit que j'étais avertie parce qu'il m'avait tout raconté. Donc, je devais l'accepter tel qu'il est.

Cet homme est arrivé un jour à exposer ses organes sexuels en pleine érection à ma mère qui était venue chez moi pour s'occuper de mon fils aîné. (La raison pour laquelle cette dernière venait chez moi, c'était pour prendre soin de mon fragile bébé qui à un mois avait subi une délicate opération). Comme je devais reprendre mon travail, je ne voulais pas le laisser aux soins d'une nourrice inconnue, j'avais fait appel à ma mère. Cet acte est l'un des plus vulgaires perpétré par les salauds les plus dévergondés qui existent sur terre. Il a eu à dire à ma mère tout en riant malicieusement: "Cela te fait penser à ton mari hein! J'ai fait la déduction qu'il n'est rien qu' une vile "trivialité enveloppée dans une soutane", un loup déguisé en brebis. Ma mère a eu peur de rester avec lui dans la maison.

Il travaillait à une station de radio évangélique, et il rentrait souvent très tard dans la soirée parce qu'il restait pour faire des enregistrements, et préparer le programme du lendemain. Je ne sais pas pourquoi, j'éprouvais toujours une sensation de peur dans la maison. Se sentant seule, je sais demander à mon frère de venir des fois passer ces moments avec moi en attendant son retour. S'il arrive et qu'il voit que ce dernier était présent, je devrais passer des heures des plus terribles avec lui. Alors, pour éviter cette triste situation, je disais à mon frère: "Il se fait tard, va-t-en, ma mère a peut être besoin de toi" sans lui faire comprendre que c'est pour empêcher sa rencontre avec mon mari.

On dit que c'est ainsi son père agissait avec sa mère: "PAS DE VISITE". Et il lui avait construit une maison à un endroit tout à fait éloigné. Il n'y avait aucun de ses parents qui venait chez elle. C'est pour que ces derniers ne soient pas au courant de sa conduite malhonnête envers sa femme. Ma soeur m'a dit aussi pendant qu'elle était venue me visiter, il avait touché ses seins. Dissimulant sa ruse, il lui avait dit: "Ta robe est trop décolletée, ce n'est pas ce genre d'habit qu'il faut porter".

Dans cette maison, j'avais trois chambres à coucher, c'est-à-dire que deux de ces chambres étaient inoccupées. Ma soeur benjamine était âgée de neuf ans et mon aîné avait deux ans. Alors, je lui avais dit que je vais inviter ma soeurette qui est aussi ma filleule, à venir séjourner chez moi. De cette façon, notre bébé aura quelqu'un pour se distraire. Ce fut pour le malheur de cette petite. Elle était venue pour goûter aux péripéties et aux tourments perpétrés par ce maniaque. Ce dérangé laissa son lit chaque nuit pour aller l'attaquer dans sa chambre. Je ne sais pas s'il l'avait abusée sexuellement. Ma soeur ne me l'a pas rapporté. Ce qui n'est pas impossible parce qu'il possède le pouvoir de vous endormir. Ma soeurette m'a expliqué que chaque soir, il rentrait sous le lit, et rugissait comme un lion. Un soir, prise de peur, elle a dû laisser sa chambre en courant pour aller dormir avec la bonne qui était dans le sous-sol. Et, le lendemain, rusé qu'il est, il a osé dire à l'enfant: "Je ne savais pas que tu étais aussi malpropre, tu as laissé ton lit pour aller te coucher avec une bonne". Et, il lui a exposé ses organes sexuels. Il l'avait emportée sur le balcon derrière la maison pour effectuer un genre de cérémonie sur elle. Il souffla sur son visage, la tourna en l'air comme une toupie en la tenant par deux petits doigts, et lui demanda de le baiser en plusieurs fois sur les lèvres. Aurai-je le courage d'oublier tous ces forfaits? C'est pour cela que je pardonne ma soeurette si elle se révolte contre moi.

Quand j'ai pris connaissance toutes ces orgies qui se déroulaient à mon insu dans la maison, j'ai été dévastée, perdue, désaxée. J'avais été au courant quand ma petite soeur laissa la maison en pleurant pour aller reporter ce fait à ma mère. J'ai l'impression que ce détraqué m'hypnotisa, me jeta dans un profond sommeil dans le but d'accomplir ses desseins maléfiques. **Si je vis, ce n'est pas moi qui vis. C'est le Christ qui vit en moi.**

C'est Lui qui me permet de rester encore debout. Cet homme avec l'apparence d'un pieux, c'est un loup déguisé en brebis.

Un Dimanche sur l'invitation d'un ami pasteur, j'étais allée assister avec lui à un service religieux dans son église. Le sujet de son sermon était sur les gens qui pratiquent les sciences occultes. Suspect, après le service, il m'a demandé: "Qu'as-tu été raconter à cet homme?" J'étais loin de ce qu'il me disait. Il se sentait si frapper qu'il a réagi tout de suite. Il avait discontinué toutes les relations avec ce pasteur. Et moi j'en étais pour rien.

Comme je le refusais toujours, il s'était réveillé un matin très content, et me raconta combien sa nuit a été merveilleuse parce qu'il a eu de très bonnes heures de sexe avec moi, et je n'ai pas eu connaissance de ce fait. Et Dieu seul sait combien de fois qu'il avait répété cet acte. Je ne savais pas qu'il était un obsédé sexuel. Tout ce qui a rapport au sexe l'importune. Il se couvrait toujours comme une femme. Je me souviens pendant qu'il était assis au salon avec le torse nu, pour une raison quelconque, j'avais ouvert la porte. C'était pour le voir courir et s'écrier tout en se couvrant la poitrine de ses mains: "Oh! Evelyne, ferme la porte!" Je lui avais demandé tout étonnée: "Es-tu une femme? Et, il s'était fâché. Car il n'admet pas qu'on lui fasse des reprimandes.

Pour éviter d'être enceinte, je lui avais suggéré de porter des condoms qu'il pourrait facilement se procurer d'une pharmacie. Il avait refusé de se présenter à cet endroit pour acheter

pareilles choses. J'avais dû moi-même me les procurer. **Aah!**
Le sexe, quelle affaire!

Comme un couple religieux, tous avaient leurs yeux fixés
sur nous. Ma maison était un centre de réception choisi par
plusieurs après leur mariage, et ils me donnèrent à préparer
leur gâteau pour la circonstance. Ignorant ma misère, les gens
de l'église me regardèrent avec admiration.

Le deuxième Dimanche du mois de Décembre est le jour
officiel de la Bible dans le monde protestant. Pour célébrer cette
fête, l'on invita le Président de la République qui envoya son
représentant pour cette occasion. Et, c'est moi qui fus chargée
d'introduire cet honorable personnage à l'église. C'est pour
montrer comment j'occupais une place si importante, et qu'il
m'était difficile de m'en défaire.

A mon travail, je me plaignais un jour de mes misères, et
l'une de mes collaboratrices avait eu à me dire: "Vas-tu laisser
partir cet homme que voici? Si tu ne sais pas comment le garder, je t'emmènerais quelque part où l'on pourra t'aider". Cet
homme avait tellement une belle apparence, qu'il trompa la vigilance de tout le monde. Cette dame ne comprenait pas qu'au
contraire je voulais me débarrasser de ce cadavre. Et toujours,
l'on me dira que je ne connais pas le goût du beau pour vouloir
agir ainsi. L'une de ses tantes a eu encore à me dire: "La raison
pour laquelle son neveu souffre, c'est parce qu'il est un vrai
chrétien". Donc, c'est moi la bête noire. C'est pour cela que je
garde toujours le silence. Je paraissais drôle à la vue de mes

collègues de travail parce que je ne souriais jamais.

Une fois pendant qu'il prenait son bain, mon bébé qui avait deux ans à l'époque, voulait jouer avec son papa. On sait qu'à cet âge-là, les enfants sont très curieux. Car, c'est l'âge de la découverte. Alors, il s'était baissé et le regardait par une ouverture sous la porte, et il s'écria: "Papa, je te vois!"

Cet homme emporté par un esprit sauvage a rempli un gobelet d'eau et l'a envoyée de toutes ses forces sur le visage de ce petit innocent qui suffoquait et pleurait. L'eau était pénétrée à l'intérieur de ses narines, de ses oreilles et l'enfant désaxé tourbillonnait comme une toupie, en m'appelant à son secours. **Quelle drôle de façon d'agir avec son bébé! Que de cruauté à la faveur du sexe!**

Je me demande pourquoi suis-je ignorante de toutes ces malfaisances qui se déroulaient dans mon sein? Je pense que c'est de là qu'est conçu le comportement qu'adoptent ma mère, et mes frère et soeurs à mon endroit jusqu'à ce jour. Quoi que je fasse, quoi que je dise n'a aucune valeur à leurs yeux. Je suis comme un châtiment qui est tombé sur eux à cause de ce mari. Et, ils ont raison. C'est pour cela qu'ils me manifestent de l'irrespect dans leurs actions et leurs paroles, et mes enfants aussi en ont souffert.

Mon amertune était si grande que je recherchais une consolation, un appui, un refuge. C'est ainsi que sans avertir personne, j'ai été passer trois jours et trois nuits de jeun et de prières sur une montagne très éloignée là où les gens qui ont des problèmes se réunissent pour crier et supplier le Seigneur. Car, c'est Lui ma force et mon soutien en toutes circonstances. J'ai failli perdre la tête, et c'était aussi un risque parce que je portais mon troisième bébé. Je ne savais quoi d'autre à faire pour me soulager.

Cet acte avait mis tout le monde en état d'alerte. L'on me cherchait partout. Mais je m'étais sentie bien sur cette montagne. J'étais en communication directe avec mon Sauveur, loin des interventions et des distractions de quiconque. A mon retour, mes parents avaient soufflé un soupir de soulagement. Et lui furieux, m'avait accusée d'abandon du toit marital. La réaction de tout le monde ne me secoua guère parce que je m'étais sentie comblée de la grâce de Dieu.

Selon l'opinion publique, il avait raison, mais personne ne savait ce qui se passait aux tréfonds de mon coeur. Et, j'étais blâmée pour avoir accompli cette action. Même mon père qui vivait depuis longtemps avec une autre femme, ayant appris la nouvelle était venu chez moi pour m'adresser sévèrement des reproches. On donna raison à mon mari. J'étais celle qui confrontait la réaction des autres qui ignoraient ma douleur. C'est à la suite de cet acte que ma mère est venue avec la formule que c'est moi qui ai tué mon père.

Ce dernier était venu très irrité, et cria sévèrement sur moi comme si j'étais une petite fille disant, tenez-vous bien: "**C'est ainsi que toi aussi, tu commences à imiter ta mère? Est-ce**

un bon exemple à suivre?" Je lui avais répondu: **"Ne venez pas jusqu'ici pour hurler sur moi comme si je suis une petite fille, je suis une adulte maintenant, d'autant plus je porte un bébé.** Ne pouvez-vous pas vous adresser à moi sur un autre ton? Vous ne connaissez pas mes problèmes".** On m'a rapporté qu'il était vexé et de ma réaction et de ma réponse. Il était parti fâché, et un mois après, j'ai appris qu'il était à l'hôpital. Mais, il n'était pas hospitalisé pour une congestion cérébrale. Il n'avait pas de dommage au cerveau parce que clairement et consciemment il me parlait jusqu'à me demander de prendre soin de son autre fils. Il m'avait dit encore: "Tu n'as pas besoin de dépenser ton argent pour rien, parce que je vais mourir". La seule personne qu'il ne voulait pas l'approcher était ma mère qu'il défendait de le toucher. Il avait essayé de la mordre en plusieurs reprises, parce qu'il était devenu si furieux qu'on l'attacha avec son lit pour l'empêcher de heurter les autres. Il était en un état de démence. Il était hospitalisé pour une blessure qu'il porta au bras et qui était infectée de tétanos. Mais, l'autopsie du cadavre avait révélé qu'il a été emporter par la leucemie (cancer du sang). Des rumeurs mêmes circulaient qu'il avait délibéremment mis fin à ses jours. Il répétait: **"Ne me touchez pas, car je suis intoxiqué".** Alors, ma mère par méchanceté, pour me blesser et voulant se justifier, m'a répété que j'avais tué mon père. Jusqu'à présent en pensant à cet évènement, je reviens sur un état de choc. Car, j'étais surprise quand elle m'avait lancé ces paroles. Et, s'il vous plaît, c'était pour approuver l'acte malpropre de sa fille.

Donc, constamment bouleversée et mentalement malade,

il arriva un jour que j'ai explosé. J'avais pris la fuite en courant pieds nus dans les rues. Ma seule solution était de me voir débarrasser de cet homme. Et, je me suis dit: "Il n'est pas un professionel. Il n'a aucun métier sinon que semer et répandre son poisonneux fluide sur tous ceux qu'il approche. Il n'est pas un intellectuel gradué d'aucune université. Il n'a même pas son baccalauréat. Il ne porte que le nom parce qu'il est né d'une grande famille. Il est le fils d'un médecin qui ne parle que le français, mais après tout, rien du tout. Cela ne s'arrête pas là. Il vit à la merci de ses parents qui le supportent et le tolèrent. Il n'a pas un bon emploi rémunérable. Il était secrétaire à la clinique du pasteur de l'église qui fut aussi un médecin, de qui il recevait une pittance chaque mois, et il s'en contentait. Il ne me montrait aucun signe d'évolution. Il se complait dans son état. Il est le partisant du moindre effort. Il n'est pas une personne progressiste que va-t-il réaliser dans sa vie? C'est de la médiocrité déguisée. Mon but c'est d'évoluer et de sortir de la pauvreté. Il ne m'emmènera nulle part. Il ne ferait que m'embarrasser les pieds parce qu'il est asservi par ses erronées croyances religieuses. Je lui avais suggéré de partir pour l'étranger pour avoir une vie meilleure, sa réponse décevante était: " Ma mission est de prêcher l'évangile dans mon pays". A cause de sa servitude, il ne voit pas plus loin que le bout de son nez, car tout lui est interdit. Ce qui l'empêche de faire un pas en avant. Donc, il n'y a pas de progress, pas d'évolution. Sa vie est réduite à un triangle: "Eglise, travail, maison", et faire le sexe comme un animal quand vient la nuit. Pour réussir à vous faire marcher, il emploie les moyens occultes qu'il a en sa possession. Avec son apparence d'un pieux, il trompe la vigilance de tous. Alors, pourquoi perdre mon temps? C'est ce qu'on appelle "un méchant doux". Et encore, quand je recevais le chèque de mon travail, je devrais le lui remettre. C'est lui qui devrait décider de l'utilisation de mon argent. Il pensa ainsi me faire travailler pour prendre soin de lui, parce qu'avec sa position sociale, tout le monde était prêt à l'acheter, et à se courber à ses désirs. Il était persuadé qu'avec sa position, je ne le quitterais jamais. Mais ce qui lui échappait, c'est que même si vous possédez tous les pouvoirs du monde, ce ne sont pas sur toutes les personnes que vous pouvez l'exercer. Evelyne Nacier est un oint de l'Eternel, par conséquent protégée et bien gardée. Je plie mais ne romps pas. Par la puissance de mon Sauveur, je suis une révolutionnaire malgré moi. Je peux tout par Celui qui me fortifie.

Alors, je me suis regardée dans un miroir et j'ai dit à moi-même: "Evelyne, ne vois-tu pas que tu es une instruite et charmante fille très intelligente? Pourquoi te laisses-tu ainsi malmenée par cet homme? Tu peux faire mieux que cela. Tu peux vivre sans lui. Secoue toi ma chère". Avec son attitude de piété, et ayant l'air d'un innocent, c'est à lui que l'on donna toujours raison. Alors, j'avais pris la décision de tout laisser tomber, et j'étais allée vivre à un endroit retiré loin des regards des autres. J'ai été rejoindre mes parents, je m'étais cachée et j'avais abandonné l'église. A ce moment pour moi tout était fini. J'avais vingt et sept ans. C'est dur le divorce!

Comme prédicateur de l'évangile, les actions de cet homme sont inconcevables. C'est une insulte à la Parole du Christ.

Il est arrivé à un certain moment que je haïssais tous ceux-là qui se disent prêtre, pasteur ou prédicateur. J'éprouvais de l'aversion contre tous les ministres religieux. Je ne pouvais plus entendre leurs sermons. Je n'allais plus à l'église. J'ai eu une attitude hostile et de mépris en leur endroit. Si je n'étais pas couverte par l'Amour et le Sang de Jésus, je serais la femme la plus méchante, la plus terrible, et la plus perverse que le monde n'ait jamais connue. C'est pour cela que j'ai appris à ne pas dire du mal, ou ne juger personne. Je ne fais pas de commentaire au sujet d'une affaire que je ne connais à fond. Il y a dans mon pays un proverbe qui dit: "La stricte vie cachée ou privée de quelqu'un est un mystère".

Toujours dans la pensée qu'il est une personne exception-nelle, à l'époque où ma soeur était tombée enceinte, avec un air de dédain, il était venu me dire: "Je ne comprends pas comment et pourquoi tu continues à avoir contact avec ta soeur qui sans se marier porte un bébé". Et, je lui avais répondu: "Tout le monde sait que ma soeur est enceinte. Mais, ta nièce a mangé la sienne pour échapper aux critiques, et se montrer une fille pure et impeccable à la société".

Sa soeur aînée qui fut l'épouse d'un prêtre orthodoxe, avait son unique fille qui était aussi tombée enceinte. Sa mère lui avait fait avorter le bébé. A ces mots, il a dû rester la bouche fermée parce que tout ce qu'ils font devrait être correct, comme s'ils font exception à la règle.

Pendant qu'il séjournait à New York, il parait qu'il avait

chargé un jeune frère illettré de l'église de me surveiller. C'était sans attendre que ce dernier me donna des visites surprises. Au début, avec mes bonnes manières, je le recevais gentillement, et je lui offrais quelque chose à boire. Comme il n'y avait aucune conversation entre nous, parce que nous ne sommes pas de même acabit, après l'avoir reçu, je ne faisais que m'excuser pour aller m'occuper de mes affaires. Après un bon bout de temps, il venait me saluer pour me dire qu'il parte. Mais, il ne partait pas en réalité. J'étais surprise de le voir encore assis sur l'une des chaises de la galerie, et je ne pouvais le chasser. Donc, puisqu'il en est ainsi, je ne l'invitais plus à rentrer. Il ne faisait que s'asseoir pendant des longues heures sur la galerie. Moi, je retournais à mes occupations à l'intérieur. Des fois, je ne me rendais même pas compte quand il s'était déplacé. Cela me paraissait étrange. Mais toujours sans arrière pensée, je n'accordais pas d'importance à ce fait bizarre. N'est-ce pas dérespectant?

Pour revenir aux mots poignants, cet homme-pasteur s'était remarié. Cela avait causé un scandale à l'église. C'est ce que j'avais essayé d'éviter. Il alla épouser une dame qu'il aima avant même qu'il soit marié avec moi, dit-on. Cette dame était aussi divorcée, et habita à New York avec sa fille du premier lit. Ayant été à son tour à New York, il avait cherché à la rencontrer, et elle lui a promis la résidence en échange d'un mariage. Pensant crier "la mariée est belle", il m'avait téléphonée pour me mettre au courant de cette belle aventure. Voulant exciter ma jalousie, cet imbécile a eu à me dire, tenez-vous bien: **"Vous n'êtes pas digne d'être la mère de Samy, je lui ai choisi une**

maman". Il ne pensait pas à ce qui l'attendait dans l'avenir, et il ne savait pas non plus qu'**une mère, cela ne se remplace jamais. Un enfant peut avoir plusieurs pères mais qu'une seule mère.** Je lui avais répondu: "Je souhaite qu'avec cette mère choisie, tu sois capable de te servir aussi de sa mère à chaque fois que tu en auras envie".

Un jour, j'ai dû lui dire en des termes très grossiers que Samy est mon fils. C'est moi sa mère. C'est moi qui lui ai donné naissance. C'est de moi qu'il est sorti. Il a joué pieds et mains en torturant physiquement et moralement mon pauvre fils pour que ses méchants desseins s'accomplissent. Il voulait coûte que coûte que cet enfant me renie, mais ce fut en vain. Il lui passa des ordres formels lui défendant tout contact avec moi. Quand j'avais envie de le voir, j'allais à son école. Je demanda permission à son professeur qui en me voyant le laissa sortir de la classe pour venir me trouver. Je lui apportais de l'argent et des friandises. Je le gâtais de mon mieux pour lui exprimer mon amour. Parfois, je sais faire de petites escapades avec lui. Et, c'était avec hésitation qu'il accepta à sortir avec moi. Il me disait toujours: "Si mon père le sait, il va me battre". Je serai puni. J'avais l'habitude d'aller le voir chaque Vendredi à ma sortie du travail. A chaque fois que vient ce jour et que je m'approche de l'établissement, mon coeur palpita et se serra, et mes mains deviennent froides d'émotion. Je sais passer des nuits blanches à penser à mon fils. Je pleurais dans mon oreiller sans que personne ne s'en aperçoive.

Un jour de vacances, cet enfant étant si maltraîté par les gens de la maison où il vivait, trompa leur vigilance et s'était échappé pour venir me trouver. Il leur avait demandé de le conduire chez moi. Leur réponse était: "Il n'y a pas de pétrole dans la voiture". Tandis qu'apercevant son absence, sa tante inquiète était venue chez moi pour s'assurer qu'il est avec moi. Il avait parcouru des centaines de kilomètres à pied sous un soleil de plomb, et a marché pendant plusieurs heures jusqu'à la maison. Il était venu tremper de sueur. Et mon coeur se cassa. A l'école où je travaillais, il sait aussi s'échapper pour venir passer un moment avec moi dans la classe. N'est-il pas une vie misérable pour un enfant de sept ans? Il chercha une consolation, un réconfort auprès de sa mère. Il me répétait tout le temps: **"Mommy, vas-tu me laisser mourir avec ces gens"?**. Mais je retenais mes larmes en sa présence pour ne pas l'attrister en détournant sa pensée.

Après son mariage, son père était parti tout de suite rejoindre sa femme le laissant sous la garde d'une grande soeur qui devrait le surveiller sévèrement. C'est pendant cette époque que mon fils s'en était échappé. Ces gens-là ont constaté qu'ils ont péché. C'est cruel, parce qu'ils ne peuvent empêcher un jeune enfant de cet age d'avoir contact avec sa mère. Vaincus, pris de peur, et ne voulant pas que cet acte se renouvelle, ils l'ont laissé vivre avec moi pendant un petit bout de temps en attendant qu'ils se débarrassent de lui parce que son père entreprenait des démarches pour le faire retrouver. A ce moment pendant la nuit, c'est auprès de moi qu'il voulait dormir. Il discutait avec son frère disant: **"Tu as toujours mommy avec toi, laisse moi jouir aussi de ma maman"**. J'étais crucifiée entre deux larrons qui se querellaient pour moi. C'est ainsi qu'il était resté avec moi jusqu'à son départ. Lorsque sa tante était venue le chercher parce que ses papiers étaient en régle pour partir, l'enfant pleura, et ne cessa de verser des larmes. Il cria comme un désespéré: "**Mommy... mommy...**"dans la voiture qui s'éloignait. J'entends encore ces cris qui me déchirent le coeur. Je lui avais dit: "**Mon fils, tu es un garçon, sois ferme! Va à New York!** Prends tout ce qu'il te donne, tu en auras besoin pour ta vie, ce sera bon pour ton avenir, car je n'y peux rien pour le moment. Mais, aie toujours ton Dieu dans ton Coeur, et surtout n'oublie pas ta maman. Je serai toujours avec toi". Ainsi confiant, il est parti. Le jour de son départ à l'aéroport, sa tante voulait mettre une interdiction pour m'empêcher de l'aborder. Je devrais rester à l'écart comme une étrangère et avoir leur permission pour lui approcher. **Oh! Mon Dieu, quelle douleur!** Lui mon fils avait pris l'initiative de venir m'embrasser. Ce fut le 13 du mois de Juin.

Arrivé à New York, c'est alors que les péripéties de mon fils avaient commencé. Il fut malmené par cette belle-mère, et son père lui refusa tout contact avec moi. C'est lui qui payait les pots cassés quand elle a des problèmes avec son mari. Et moi de mon côté, je souffrais en silence. A chaque fois qu'il y avait quelqu'un qui partait pour les Etats-Unis, je lui envoyais des lettres et des cadeaux que son père ne lui remettait jamais. A chaque fois que je voyais un petit garçon de son âge, je tomba en extase en pensant à lui. Personne ne comprenait et ne voyait ce qui se passait au dedans de moi. Bien que je sois restée très longtemps sans avoir de ses nouvelles, l'on se communiquait par télépathie. J'ai eu l'occasion de le voir quand il avait seize ans, soit sept ans après son départ. Quand il fut âgé de dix huit ans, son père ayant perdu tout contrôle sur lui, il se révolta, et il lui a montré le revers de la médaille.

Ce prédicateur a eu trois enfants en trois années consécutives de cette femme qui était venue à son église pour l'avilir pendant qu'il célébrait le service un Dimanche. Ce que moi je ne ferais jamais. Après avoir sollicité l'intervention de la police pour l'aider à se débarrasser de lui, elle l'a abandonné en s'enfuyant avec ses enfants. Il avait voulu lui faire subir le même sort que moi. Ainsi, comme moi, elle a pris aussi la poudre d'escampette.

Il m'avait pris du temps pour retomber encore sur mes deux pieds. **Le divorce, la societé, la religion, ça tue.** Pendant cinq ans, ma vie avec cet homme fut un cauchemar. Jeune et inexpérimentée, je n'arrivais pas à comprendre son comportement. Je donnais le meilleur de moi-même pour vivre avec lui sans réussir. Et surtout encouragée par ma mère qui ne voyait pas ce mariage d'un bon oeil, après tout ce qui s'était passé, je devrais mettre fin à cette relation qui m'anéantissait terriblement.

Amertume, pleurs, dépression, humiliation, déception, confusion, insulte, tel fut mon lot. A mon travail lorsque mes collaboratrices s'entretiennent au sujet de leurs maris, je me sentais choquer. Je me déplace, je change de sujet ou je me tais, car je n'avais rien de positif à apporter à leur conversation. Et, elles ont fait la remarque. Quand je vois un couple qui s'aime

des fois, je deviens jalouse. Je me demande pourquoi que c'est
sur moi, le mauvais sort a choisi de tomber. Suis-je venue sur
terre pour endurer tous ces genres de misères? Est-ce mon
destin? Je ne crois pas que je suis aussi mauvaise que cela.
J'ai toujours essayé de faire la volonté de Dieu et me montrer
complaisante avec les autres.

Je dois ajouter que jusqu'à présent en quelque part à New
York, cet homme avec son beau-frère, est encore pasteur
d'une église, et continue à prêcher "sa bonne nouvelle". Et
tous les gens qui ne le connaissent pas croient durement en
lui, et suivent aveuglément ses principes. C'est ce qu'il aime:
se sentir en contrôle et dominer. Il continue à faire toujours son petit bonhomme de chemin de la même manière.
Pensant toujours qu'il est un homme exemplaire, il n'a pas
changé, et il ne se décidera pas à changer non plus, parce
qu'il revient à l'autre de s'humilier et de s'approcher de lui.
Il a toujours raison. Les membres de cette église sont des
gens appartenant à la classe défavorisée, par conséquent, très
malléables, et faciles à contrôler. Sa place est sur la chaire de
l'église. C'est une insulte de lui dire d'aller s'asseoir dans
l'assemblée des fidèles. Tout ce qu'il fait est parfait. Il pense
qu'il est impeccable et irréprochable malgré tout. Il nourrit
les mêmes conceptions. C'est comme s'il est si spécial que
le Bon Dieu ne tient pas compte de ses erreurs.

Il n'a jamais donné un clou aux membres qu'il s'est marié
deux fois. Tous, ils connaissent sa deuxième femme. On sait
seulement qu'il est un homme divorcé. Et, l'on pensait même

que c'était cette dame qui est la mère de Samy mon fils aîné. Peut-elle mettre au monde un si bel enfant?

Rusé, il réclame toujours des prières de l'église pour l'aider à sortir de cette situation avançant que c'est le travail du malin, en organisant chaque Vendredi des réunions de prières. Il a une soeur qui a épousé un homme marié divorcé. Et cette dernière est une pionière de toutes les activités entreprises à l'église. Tout ce qu'elle dit et fait, est ratifié. Car, ce sont des gens extraordinaires, des exceptionnels qui dirigent ce temple.

Le plus souvent, l'on a tendance à considérer les gens du clergé pour des extra-terrestres. C'est pour cela que beaucoup de personnes naïves sont abusées par ces gens-là qui en profitent pour exercer leur autorité. Notez bien: "Ils sont des humains comme tout le monde, sujet à l'erreur, ayant des besoins physiologiques, des sentiments, des limitations, des problèmes, des joies et des peines. Ils peuvent aussi tomber dans un état dépressif qui réclame les soins d'un spécialiste. Bons nombres d'entre eux sont remplis de malices cachées, car ils dissimulent leurs problèmes pour se montrer parfaits et impeccables. Car, très souvent, quand on a des problèmes, c'est à eux que l'on s'adresse pour des conseils. Pour moi, ce n'est pas une obligation d'observer à la lettre ce qu'ils avancent dans leurs sermons. Bien des fois, du haut de la chaire, ils traduisent leurs émotions. Je parle en connaissance de cause.

Priez pour les prêtres qui pratiquent le célibat. Physiologiquement parlant, c'est une loi contre-nature qu'on leur a imposée, et ils en souffrent énormément bien qu'ils soient appelés à la sacerdosse. Ce n'est pas de leur faute si certains d'entre eux sont des homosexuels, qu'ils abusent sexuellement les petits enfants ou qu'ils utilisent la ruse pour séduire les jeunes filles. Ils sont poussés par la force de l'aimant électrifié que chacun possède en soi. Dieu nous a dotés d'un esprit de dissernement, utilisons-le. Respectez votre Pasteur et surtout priez pour lui, mais ne l'adorez pas. **C'est un acte d'idôlatrie devant la face de <u>DIEU QUI EST LE SEUL VRAI PASTEUR.</u>**

Un jour, j'ai été en visite à New York, et j'avais demandé à mon fils de me conduire à son église. J'y ai été pour le provoquer au nom de Jésus. On pouvait visiblement constaté qu'il était surpris et décontrolé sur la chaire. Il était obligé de me présenter comme la mère de Samy. Et, toute l'assemblée était dans l'étonnement parce qu'on croyait que c'était son autre femme la mère de mon fils. Et, je me demande encore, peut-elle mettre au monde un si bel enfant?

Des rumeurs même circulent concernant son affaire avec une soeur de l'église. Car, d'après l'opinion de certains, avoir affaire avec un ministre religieux, c'est une bénédiction. Stupide audacieux plein de ruses, ne voyez-vous pas que vous êtes un scandale pour l'Evangile de Jésus-Christ, et que vous blasphémez le Saint Nom du Seigneur? Il serait mieux que vous vous repentiez pour obtenir ses faveurs. Il fait si bon de vivre en sa présence. Vous marchez sur les traces du malin qui est le premier des rusés. Si je n'ai jamais voulu dire du mal de lui, c'était pour protéger mes deux garçons dont il est le père. Je ne veux pas qu'ils soient pointés du doigts. Et si j'avais continué à lui parler, c'était à cause de mon fils aîné qui vivait avec lui, et aussi dans un esprit de pardon pour obéir aux recommandations du Seigneur.

Jusqu'au dermier moment, pensant qu'il pouvait encore exercer sur moi son pouvoir magnétique, je m'étais rendue à New York pour la graduation de mon fils aîné que je n'abandonne jamais. J'étais assise à attendre à leur salon, et tête baissée, mon regard était porté sur un livre qui se trouvait sur la table. J'ai senti à cet instant quelqu'un me frapper très fort sur le front avec la paume de la main. Je leva les yeux. C'était lui qui m'avait frappée. Il marcha sans bruit, sur la pointe des pieds, s'était tenu debout devant moi. Il me regarda sur une position d'exorcisme comme pour jeter son fluide sur moi. J'ai froncé mes soucils, et je l'ai regardé fixement dans les yeux. Après tout ce temps passé, il pensait qu'il était encore capable de me séduire par son spiritisme. **Mais, je le regrette pauvre malicieux. Le sang versé de Jésus est ma couverture. Je ne suis plus l'Evelyne d'autrefois.**

Après sept ans de luttes, d'hésitations et de réflexions, devenue plus mûre en acquérant un peu plus de sagesse, après avoir suivi des conseils, je me suis fait une raison. J'ai décidé de me remarier. Je m'étais enveloppée dans une coquille ne voulant pas être vue et critiquée parce que j'étais très connue. Je me sentais perdue. Comme institutrice, je m'étais consacrée uniquement à l'éducation des enfants. Je prenais tout mon plaisir dans l'enseignement.

J'ai été auprès d'un pasteur très connu de la ville lui demander des conseils. Bien que j'aie eu assez de moyens pour
subvenir à mes besoins puisque je travaillais dans une grande
école où j'étais bien remunérée, et j'avais mon atelier de couture
qui me rapportait. Mon avenir n'était pas vraiment prometteur parce que j'avais en main mon deuxième fils à qui prendre
soin, et j'avais en perspective mon fils aîné vivant à New York,
que j'avais envie de voir terriblement.

Cet homme cette fois fut un ancien séminariste des frères
de l'Instruction Chrétienne. Toujours ayant en moi ce pen-
chant pour les gens de l'église, j'en avais fait le choix. Après
tout, étant très jeune, je devrais refaire ma vie. Mais, j'avais
toujours en moi cette même crainte, ce même doute. Ce qui
me mettait sur la défensive. Je refuse de verser des larmes, je
ne veux plus être une victime. J'ai eu une longue conversation
avec cet homme d'église qui m'avait beaucoup réconfortée. Il
m'a montré que ce n'est pas la fin du monde, ce sont des choses qui arrivent dans la vie. Donc si ton ex s'est remarié, tu es
aussi libre d'en faire autant. J'avais encore de la confusion et
de la peur en plein dans mon esprit. Je me suis dit qu'il est bon
encore d'essayer, et je vais tenter une chance.

Comme mon frère était un professeur de langue, cet homme avait l'habitude de venir chez moi pour avoir contact avec
lui. Ils se partagèrent les cours dans les écoles qui étaient en
quête de professeurs. Il était professeur de littérature. S'il
n'avait pas l'habitude de venir à la maison, peut-être il ne

m'aurait jamais rencontrée, car je ne sortais jamais. Je ne fréquentais pas les lieux de divertissements. Ce n'était pas réellement de l'amour que j'éprouvais comme auparavant. J'avais vu
un avenir beaucoup plus prometteur en lui qui possédait déjà
sa résidence pour les Etats Unis d'Amérique. Il me suffisait
donc de l'épouser afin de réaliser ce rêve. Ce que j'avais fait de
tout coeur. Son grand problème, c'est qu'il est presqu'aveugle,
et cela le rend extrêmement jaloux. Il pensait que l'on profite
de son handicap pour le tromper. Pendant nos fiançailles, il
vivait à Miami, et moi dans mon pays. Chaque semaine, l'on
se communiquait par téléphone. Sachant qu'il ne voit pas très
bien, je lui écrivais en caractères gras en utilisant des feutres
noirs. J'étais prête à tout confronter dans ce domaine. Lui,
le plus souvent, il m'envoya des cassettes sur lesquelles il en-
registra des poèmes d'amour qu'il me composa. J'aimais le
timbre de sa voix grasse. Je m'étais sentie heureuse. Il ne me
laissa aucun soupçon qu'il était jaloux. C'est lui qui pour la
première fois de ma vie, m'avait emmenée danser dans l'une
de ces boîtes de nuit où je m'étais sentie tout à fait étrange
et inconfortable. C'est pour cela que ces genres de plaisir ne
m'ont jamais intéressée.

L'un de ses frères qui fut un médecin m'avait posé cette
question: "D'où viens-tu? Habites-tu la ville? Je ne t'ai jamais
rencontrée nulle part?" Il avait tellement l'habitude de fréquenter des "endroits". Dans son esprit, il devrait me rencontrer
un jour. Je lui avais répondu que je ne sors pas. Surtout je ne
connais pas, et je ne fréquente pas les boîtes de nuit. C'est pour
dire qu'après mon divorce, je m'étais repliée sur moi-même. Et,

comme ex-femme de pasteur, je ne participais à aucun plaisir mondain car j'étais très marquée par ma vie antérieure.

Comme une petite jeune fille, j'avais donc épousé ce deuxième homme. Et, il a rempli toutes les formalités non seulement pour moi mais aussi pour mon fils nous permettant de venir le rejoindre aux Etats-Unis d'Amérique. **Je lui dois toute ma reconnaissance**.

Comme il est un ancien séminariste, nous nous étions mariés à une église catholique. Après s'être mariée à une église protestante, maintenant je m'engage dans l'église catholique. Ma vie n'est-elle donc pas une contradiction? Son mariage avec sa première femme qui fut une infirmière, et une haut gradée dans l'armée américaine, d'après ses dires, n'avait duré que quinze jours. Son ex ne voulait pas l'accepter à cause de ses multiples activités, et aussi à cause de la cécité de son mari qu'elle ignorait. Il lui serait un embarras. Pour lui faire plaisir, mon deuxième fils avait eu à être rebaptisé et faire sa première communion à l'église catholique. J'avais pleine conviction qu'étant plus mûre je n'allais avoir aucun problème avec lui. Je me suis dit que je lui servirai d'yeux, je le voiturerai, je l'aiderai dans ses études. Tout ce qu'il serait dans l'impossibilité d'accomplir je l'assisterai, je serai toujours à ses côtés. Mon plan n'a pas obtenu le succès espéré.

Ayant plus de maturité, j'avais pris toutes les dispositions pour partager ma vie avec lui connaissant son état. Mon premier acte était de lui donner un bébé parce que malgré son âge avancé, il n'avait pas d'enfant. Et, il est plus âgé que moi. Donc, ma conception a eu lieu la même semaine de mon arrivée. J'avais délibérément voulu d'être tombée enceinte juste pour lui plaire parce que de mon côté, j'avais déjà deux enfants du premier lit. Quand je pensais qu'il approuverait mon acte, il nourrissait dans sa pensée que j'étais rentrée déjà en pleine ceinture. Il attendait la venue du bébé pour être convaincu que l'enfant lui appartient vraiment.

Je savais à l'avance que je devrais subir une césarienne parce qu'après la naissance de mon troisième, le docteur m'avait fait sévèrement ces recommendations: "Si vous voulez être en vie, pas de bébé, pas avant six ans, et l'on droit encore procéder à une césarienne". Mais, j'avais consenti à faire ce sacrifice. J'avais pris le risque. J'avais accepté à recevoir à nouveau des coups de bistouri rien que pour faire plaisir. Ma vie, n'est-elle pas faite de sacrifices? Ainsi, après trente et quatre semaines, j'avais mis au monde un fils qui pour son malheur est né avec un genre d'handicap qui le marquera la vie entière. Il souffre d'anémie falciforme. (Une malformation de ses globules rouges). J'avais pris connaissance de son mal quand âgé de huit mois, il a eu sa première crise. Tout au cours de son développement physique, il ne passera pas une année sans qu'il ne soit hospitalisé en deux ou trois fois. Il est toujours sujet à des infections: pneumonies, bronchites, grippes, des boutons, des éruptions, et j'en passe. C'est un enfant que je portais dans mes mains comme un oeuf, car la moindre négligence le rend malade.

Il existe une différence de dix ans entre les deux enfants. Animée d'une autre conception des choses, je pensais que jamais je n'arriverais à avoir des problèmes avec ce mari. Et pourtant, je me suis trompée une nouvelle fois.

Etant presqu'aveugle, pour un rien il se met en colère, et avec sa grosse voix d'orage, il faisait trembler la maison. Il surveilla mes moindres faits et gestes pour me poser des suspectes questions à tort et à travers. Il m'accusa d'avoir dit ou commis des choses que j'ignore. Il pensait que j'étais entrain de le tromper, et cela m'énervait. Il lui arriva même de rêver que je suis ou étais avec quelqu'un d'autre. Il me citait aussi leurs noms. Il refuse de croire que j'étais restée sans aucune relation sexuelle après mon divorce. Et après avoir fait des drôles de songes, il se réveilla le lendemain très fâché, et j'étais soumise à des désagréables interrogations. Il me disait quand il rêve, c'est la pure vérité parce qu'il voit toujours en songe tout ce qui se passe. Il était si jaloux qu'il prenait ses rêves pour des réalités, et en créait des montagnes qui n'existent pas. Si par hazard, je rentre quelques minutes en retard pour une raison quelconque, il doit en savoir la cause. Si quelqu'un me téléphone, il est anxieux de savoir qui, et pourquoi cette personne m'appelle. Il trouve toujours que je parle trop bas à l'appareil. Je pratiquais mon métier de couturière, et c'était très souvent que mes clientes me téléphonent. Je vivais sur une constante surveillance. Quand il part pour aller au travail, il doit revenir sur ses pas en plusieurs fois disant qu'il a oublié quelque chose, mais c'était juste pour voir mon comportement après son déplacement. Mon frère de baptême qui est un pasteur, étant de passage, était venu me visiter. Après son départ, cet homme m'a harcelée de questions suspectes. Un vendeur de produits ambulants, était passé m'offrir ses marchandises. Après qu'il fut parti, des questions pleuvaient sur moi. Il ne croyait à aucune de mes paroles. Il disait que les filles même si elles vous jurent, il ne faut pas y croire. De ce fait, une atmosphère tendue régnait dans la maison. Je lui avais fait comprendre que c'est parce qu'il n'avait pas l'habitude de fréquenter des filles de valeur qu'il n'arrive pas à apprécier cette perle précieuse qu'il possède. Donc, il pense que toutes les filles sont les mêmes.

Comme il est extrêmement jaloux, il a voulu aussi que je manifeste les mêmes sentiments envers lui. On sait que l'on juge les gens d'après soi n'est-ce pas? Mais, je n'imitais pas ses actions bien que j'aie eu l'occasion parce qu'étant professeur dans la section des adultes, c'est tout le temps qu'il était en tête-à-tête avec ses élèves qu'ils soient filles ou garçons. C'est tout le temps qu'il s'entretenait au téléphone avec eux parfois très tard dans la soirée. La seule chose que je réclamais, c'était d'avoir un compagnon purement et simplement. J'ai trop de maturité pour m'attacher à des bagatelles sans fondement. Je pense que toute relation conjugale devrait être basée sur le respect et la confiance manifestés l'un envers l'autre.

L'on sait qu'arrivé à un certain âge aux Etats-Unis d'Amérique, la maîtrise de l'Anglais s'avère très difficile. Alors, j'écoutais beaucoup les nouvelles et je faisais de la télé afin de capter la prononciation de cette langue et la signification des mots. Un jour, j'ai entendu quelqu'un dire à l'autre: "I have an idea".

Pensant que mon mari est plus versé que moi dans la langue, je lui ai demandé: "Que veut dire "idea"? Il m'a revêchée en me disant: "Tes oreilles sont toujours attentives à la conversation des gens au téléphone. Est-ce parce que tu m'as entendu dire: "Hi! Dear à cette fille!" que tu me poses cette question? Confuse, j'étais bien loin de ce qu'il venait d'avancer. Après avoir saisi son approche, je lui ai répondu: "L'on juge les gens d'après soi, ne me place pas dans ta catégorie". C'est pour faire ressortir comment piètre était la pensée de cet homme que je plaçais très haut comme étant un professeur de littérature. Voilà l'esprit dans lequel j'évoluais dans la maison. Et, il avait même manifesté le désir de me frapper un jour.

L'on m'a dit aussi de lui que c'est tel père, tel fils. C'est de cette façon que son père traîtait sa mère. Celui-ci étant un ancien officier de l'armée, frappait sa femme tout le temps pour des niaiseries. Et, il n'hésitait pas d'utiliser un gros bâton pour discipliner ses enfants. Ce sont des sauvages modernes. C'est très souvent que les enfants se chamaillaient entre eux sans montrer de respect pour leur mère qu'ils dérespectent et abusent.

J'avais assisté une fois à une scène très indescente que l'un de ses frères avait provoquée à sa mère en utilisant des mots vraiment choquants et grossiers qu'il répéta à cette dernière, sans se soucier des oreilles qui l'écoutent. Il y avait dix enfants vivant comme des lions qui rugissaient dans cette maison. C'est tout le temps que l'orage gronde chez eux. Ayant pris conscience de leur état sauvage, il répétait souvent qu'il faut changer la couleur rouge de leur maison, car c'est cette couleur qui les irrite.

Sa jalousie l'avait porté à raconter des histoires sur moi à ses parents. Une fois, j'avais été en visite dans mon pays avec son fils. Toujours dans un esprit conciliant, j'avais emmené l'enfant faire la connaissance des parents de son père. J'étais allée voir l'un de ses frères qui est médecin. Il nous avait fait bon accueil, mais il me donna un drôle de regard et me posa la question suivante: "Combien d'enfants avez-vous maintenant?" La pensée, c'est que je suis une perverse. D'après les dires de son frère, je l'ai laissé pour mener une vie libre. Il se peut bien que j'aie d'autres enfants nés avec ce genre de vie que je mène. A mon retour, il m'a regardée d'une façon très suspecte comme si j'y ai été pour accomplir un acte mauvais.

Le parrain de notre fils est son très bon ami. Cet homme vivait avec lui comme un véritable frère. C'est lui qui toujours le voiturait partout où il va. Quand j'étais rentrée aux Etats Unis, c'est lui qui était venu me chercher à l'aéroport. Et de là, j'avais fait sa connaissance. Mon mari me l'avait présenté comme son frère. Ils allaient ensemble aux mêmes cours, et travaillaient au même établissement. Par lui j'étais devenue aussi l'amie de ce professeur. Il me chantait la bonté de cet ami qui lui est un bon aide. C'est pour cela que par reconnaissance, il lui avait donné son bébé à nommer. Mais, je devais rester en dehors de ses rapports avec son compère puisque je devrais m'abstenir de contacter un homme. Ce qui était naturellement impossible. Je suis une femme instruite et évoluée. Je n'ai pas

ma tête dans le sac. Toutes ces stupidités me porteraient à lui
tourner le dos.

Quand je l'ai quitté, emporté et aveuglé par sa jalousie, il
a avili cet ami bienfaiteur. Il a raconté à toute l'école que son
compère lui a ravi sa femme. Ce qui avait porté ce dernier à
laisser l'établissement pour aller chercher du travail ailleurs.
J'avais pris connaissance de cette mésaventure quand j'avais été
solliciter une faveur auprès de lui. Il m'a dit qu'il ne pourra plus
agir de la même façon qu'auparavant, voilà ce que mon mari
lui a fait subir. Donc, il m'avait refusé ce service.

Il enseignait et son heure de travail était dans l'après-midi
(deux heures pour six heures). A son retour, cela dépend de la
saison, il faisait nuit. Alors, il s'était abonné à un professeur
de l'école. Ce fut une dame qui venait le chercher à une heure,
et le retournait après six heures du soir. J'étais très contente,
parce qu'il m'avait rapporté qu'un jour, une voiture a failli le
renverser. A cause de son handicap, il ne l'avait pas vu qui
s'approchait. Pendant ce temps, moi aussi j'allais à l'école pour
parfaire mon Anglais, et je portais son bébé. Mes cours com-
mençaient à midi pour finir à trois heures. Donc, depuis onze
heures, je laissais la maison pour aller prendre l'autobus ou la
camionette. Mais, il arrivait des fois, s'il y a un problème, il
vous est impossible de trouver cette transportation. Ce jour-
là, c'est ce qui était arrivé. J'étais restée à attendre pendant
plus d'une heure. Voyant qu'il était midi, je me suis dit: "Ce
n'est plus la peine d'aller à mes cours, il est déjà trop tard. Je
n'aime pas arriver en retard à l'école, et je ne sais pour combien

de temps encore je dois rester à attendre". Donc, j'avais pris
la décision de retourner à la maison. Sans arrière pensée, et
avec le sourire parce que je souris toujours, je lui ai fait part de
ce qui s'était passé. Tout de suite quand il m'a vue venir, son
caractère change, et il est parti sans dire un mot. Confuse, je
me demandais quel est son problème? Qu'ai-je fait de mal? Il
est resté fâché jusqu'au lendemain. Alors, je lui ai demandé la
raison de son attitude. Il m'a répondu: "Je n'aime pas que l'on
me surveille". "Comment?" Rétorqué-je. Il m'a fait comprendre que c'était faux ce que je lui avais raconté hier. Si j'avais
agi ainsi, c'est parce que j'avais voulu le surprendre avec la
dame qui venait le chercher. Alors, je lui ai dit tout étonnée:
"Qui s'excuse, s'accuse. Existe-t-il une affaire entre vous deux?
Est-ce quelque chose que vous voulez me mettre au courant?"
J'étais réellement stupéfaite.

Comme l'on juge les gens d'après soi, il pense toujours
qu'on le surveille, et il a manifesté son aggression à ce sujet
même à mon fils. Un jour ce dernier était venu me demander:
"Mommy, qu'appelle-t-on surveiller"? J'ai répondu: "Pourquoi
cette question"? Il m'a dit: "Papy m'a demandé: "Ta maman
t'a-t-elle placé pour me surveiller"? Alors énervée, je m'étais
présentée à lui pour lui expliquer ceci: "Comme une institutrice chargée de la formation morale des enfants, ce n'est pas
de cette façon indécente que j'élève mon fils. Cette affaire
d'utiliser un enfant pour vous surveiller, éloignez-le de votre
esprit et bannissez-le de votre vocabulaire. Je n'ai pas été élever
de cette manière et ce n'est pas mon genre. Je ne saurais agir
de la sorte. Je suis une femme trop formée pour me jeter dans

un état aussi bas. Je pensais que vous étiez de classe beaucoup plus élevée que cela". Et, Dieu seul sait pendant mon absence quel traîtement qu'il donna à l'enfant.

Lui et son compère avaient l'habitude d'aller aux cours ensemble. Celui-ci passa toujours le chercher comme déjà dit plus haut. D'après la loi, tous les professeurs, pour ne pas perdre leur licence, doivent participer aux cours de recyclage. Quand il lui arriva de prendre un test, je sais rester très tard dans la nuit pour l'aider à étudier. C'est comme si c'était moi qui allais subir l'examen. Je lui achetais une plume spéciale sur laquelle je prie, et je lui dis en plaisantant: "Je donne une plume magique. C'est pour passer ton test" Comme il a des problèmes pour lire à cause de sa cécité, j'enregistrais ma voix sur bande magnétique qu'il écoutait quand il étudiait. Quand ce fut mon tour de faire mes devoirs de classe, je lui avais demandé son aide. Puisqu'étant professeur d'Anglais, je pensais qu'il était mieux versé que moi dans la langue. Alors, j'avais sollicité son aide. C'est avec peine qu'il me manifesta le désir de le faire. C'est comme si j'étais entrain de l'importuner. Après tant de supplications, il a eu à me dire: " Comment n'arrives-tu pas à comprendre une chose aussi simple, avec un air de dédain. C'est comme ces stupides gens ayant en leur pensée qu'ils sont trop savants, alors lorsque vous leur demandez une explication, pour vous humilier ils vous regardent du haut de l'échelle et vous donnent le traîtement que l'on donne à un idiot. Il ignorait la capacité de cette grande dame qui se tenait à ses côtés. Il m'avait fait ce geste seulement une fois. Et, jamais plus je ne sollicitais son aide. Je faisais mes devoirs toute seule. Je me suis procurée d'un dictionnaire qui me donnait la signification des mots. Car, je ne suis pas une imbécile. J'avais seulement besoin d'une poussée pour démarrer. Je n'aime pas que l'on me traîte comme une crétine, je suis loin d'être une. Cela me laisse l'habitude que je n'aime pas demander des faveurs. Il faut que je sois réellement coincée pour solliciter de l'aide.

Avec cet atmosphère, mon fils étant un enfant très sensible, a été si affecté par ces scènes d'orage, qu'il n'arriva pas à se concentrer pour travailler à l'école. Il tremblait, il pleurait, il avait peur. J'ai été visiter mon pays avec lui. Au retour, arrivé à l'aéroport, il pleurait parce qu'il ne voulait pas revenir. L'officier de l'immigration attiré par son comportement, m'avait même demandé: "Quel est le problème de l'enfant? Il parait que cela ne marche pas pour lui là-bas.

Un jour, j'avais reçu une convocation pour me présenter à son école. J'y étais. On m'interrogea sur les relations des parents à la maison, et l'on me demanda de l'emmener consulter un spécialiste. C'était sérieux. Peur de me voir encore séparer de mon fils, et fatiguée de ses constantes et violentes réactions pour rien, j'avais décidé une fois encore de ne pas laisser ces genres de choses aller plus loin. Parce qu'ici aux Etats-Unis d'Amérique, l'on protège fortement les enfants, et les parents sont sujets à être séparés de leurs enfants ou a être jetés en prison pour avoir abusé leurs enfants.

Pendant son absence un Samedi, j'avais emporté tout ce qui m'appartient, et j'ai été louer une petite maison pour protéger ce pauvre enfant, et éviter la catastrophe. Je dois ajouter que ma mère, encore ma mère que j'avais fait rentrer au pays, elle qui n'attendait que cela pour rentrer en action, m'avait beaucoup aidée à m'éloigner de ce jaloux.

Et, voilà la fin de ce second mariage. Je n'avais pas voulu en souffrir davantage, ni voir mon fils en sortir victime. Je ne voulais encore retomber en esclavage. Cette fois-ci, ma réaction a été ferme, irrévocable et inébranlable. Je n'avais pas pleuré. Je me suis dit que les pleurs ne résoudent jamais les problèmes. Je dois solidement porter ma ceinture à la taille. Je dois être une femme forte. Je dois avoir de la poigne. Il avait cherché à connaître mon refuge, et avait sollicité en pleurant une reconciliation que j'avais refusée. Ce n'est pas ainsi qu'on agit avec une femme éduquée qu'on aime et qu'on veut garder. Il vaudrait mieux que vous allez contacter une bonne.

Ainsi livrée à moi-même avec deux enfants sur les bras, j'ai été chercher de l'aide financière auprès des agents du gouvernement, parce que pour se venger, mon premier mari m'avait complètement abandonnée avec mon deuxième garçon. Il voulait voir comment que j'allais me débrouiller, et souhaitait recevoir de mauvaises nouvelles de moi. Mais, ce fut lui qui a eu à payer les conséquences de ses méchancetés. Et, maintenant j'ai un troisième enfant malade qui réclame des soins tout à fait spéciaux. Si je n'étais pas une femme débrouillarde et laborieuse, je me demande comment aurais-je pu faire pour répondre à mes innombrables besoins. Suis-je condamnée à mettre au monde des enfants livrés à la souffrance? Et, j'ai par dessus tout des intrus qui ignorant ma misère ne pensent qu'à m'emmerder?

Après quelques années, par l'intermédiaire d'une amie, j'ai eu encore à faire une autre dévastatrice expérience. Cet homme qui portait une arme à feu, pensait qu'il pouvait déjà m'intimider par ses menaces. Nos relations n'avaient duré que seulement trois mois. Je l'avais expédié violemment tout de suite. Il fut surpris. J'avais dû avoir recours à l'intervention de la police pour le faire déguerpir. Et mon fils a été encore affecter par ce fâcheux évènement. Il a dû laisser le pays tout de suite, sinon il serait incarcéré. Il était le démon personnifié. Je n'avais pas pleuré, et je n'étais pas ébranlée comme auparavant. J'agissais avec détermination. Avec lui, j'ai appris à être brave, et à ne pas me laisser faire. Il m'a montré comment et où saisir le serpent venimeux. Mes yeux ont été ouverts. Certains, spécialement ma mère qui est toujours présente, m'avaient condamnée en disant que c'est une défaite. Mais moi, j'ai crié victoire, parce que j'ai appris comment ménager ma vie pour ne plus en sortir victime. L'école de la vie vous transforme et vous affermit. J'avais appris quel traîtement qu'il faut donner à un méchant. Mêmes mes collaboratrices au travail m'ont félicitée. Les épreuves vous rendent fort. J'étais restée ferme et forte grâce à mon Sauveur. Parmi tous ceux-là qui s'écrient: "Je sais, je sais", il faut me compter, car j'ai beaucoup appris. J'ai eu à partager ma vie avec le diable. Si selon l'opinion publique, je pèche, ce n'est pas par ignorance, mais c'est voulu. J'avais accepté à vivre avec cet homme après que ma maison ait été attaquer par des cambrioleurs. Je cherchais une protection auprès de lui. Ainsi, j'ai appris à compter sur la protection divine.

Redevenue seule, c'était Mon Seigneur qui me gardait, me dirigeait et prenait soin de moi. Voyant ma misère, Il m'a montré sa puissance en me faisant acheter une maison sans avaloir alors que j'étais totalement dépourvue d'argent. Il m'a montré qu'en toutes circonstances, Il est avec moi. Il m'a parlé, Il m'a ouvert les yeux en me faisant rencontrer des gens avec qui j'ai fait des expériences profitables. C'est pendant cette période que je peux dire que je suis devenue réellement adulte en faisant moi-même mes propres découvertes. J'ai appris comment réagir quand les mauvais moments surgissent. J'ai acquis la sagesse. J'ai appris à compter davantage sur la toute Puissance de Dieu.

Le Seigneur m'avait envoyée travailler pendant une longue période de temps à une station de radio. En compagnie de ce genre de monde, j'ai appris pas mal de choses, j'ai fait beaucoup d'expériences profitables. J'ai eu une toute autre conception des choses de la vie. J'ai été aimée, appréciée et choyée de tous. J'ai eu contact avec de très grandes personnalités. Avec les compliments que je recevais de part et d'autre, j'ai reappris à avoir confiance en moi. L'on me faisait crédit et me montrait que je jouais un rôle très important, car j'étais la secrétaire-comptable. J'ai évolué, j'ai grandi. J'ai appris à me foutre des "qu'en dira-t-on?" J'ai appris à être moi-même parce qu'il y régnait une ambiance de famille. Bien que le salaire fût mince, je me sentais bien. C'était une grande famille où ses membres s'entendent, se partagent des idées et se supportent. Ce qui fait que nous ne ressentions jamais nos manquements. Il y régnait la vie. Ce fut une atmosphère d'élite, un climat de gens de bien. La connaissance et l'instruction jouent un grand rôle dans le comportement de l'être humain. Moi, je suis plus penchée vers l'intellect que vers le matériel.

A cet endroit, j'ai eu à faire la connaissance d'un ancien annonceur d'une des plus grandes stations de radio de mon pays. Avec ce grand intellectuel, j'ai connu des moments agréables. Car le bonheur n'est rien que se sentir bien dans sa peau, et être en compagnie de quelqu'un qui vous manifeste son amour en vous montrant que vous avez de la valeur, et que vous êtes précieux à ses yeux. Il me traîta avec grand respect et me faisait oublier mes déboires du passé. Il m'a aidée à m'épanouir et développer les vertus cachées qui dormaient en moi. Car je ne savais pas que je possédais les qualités d'un artiste et les talents d'une actrice. Il a éveillé mon sens de bien faire. Ma rencontre avec cet homme, bien que je n'avais pas le droit, a transformé ma vie. Car, rien ne se fait au hazard. Je ne sais pas si je m'étais encore trompée, mais je m'étais sentie bien. Il m'avait reappris à vivre. J'avais trouvé en lui un ami avec qui je peux facilement parler de tout et de rien sans restriction, et partager des idées. Il fut mon conseiller.

Nous avions créé ensemble un feuilleton radiophonique que nous avions baptisé notre petite fille. Cette tragic-comédie faisait les délices de tous les auditeurs chaque Dimanche après-midi. Nous avions eu deux heures d'émission éducative sur la famille, très écoutée chaque Samedi soir sur les ondes. Nous étions apparus dans une magazine française très connue des pays francophones. Cette revue louait les vertus de cette mise en scène, et l'impact qu'elle joue dans la vie quotidienne des gens. C'était une révélation. Enfin, c'était la vie. C'est bon de se sentir faire chose qui vaille. C'était moi qui tapais les épisodes de cette pièce de théâtre. Donc, je suis inspirée par lui dans l'élaboration de ces mémoires.

Et ma mère, encore ma mère, ayant eu un soupçon de nos relations, a vite fait son intervention. Avec ses idées préconçues, elle a eu à me dire: "Cet homme est un sorcier qui veut t'utiliser dans la réalisation de ses projets", sans savoir ce qui s'était entendu entre nous. Comme elle fait toujours des rêves, elle a vu tout ça en songe. Elle pense toujours que je suis une petite fille qu'elle cherche à "protéger".

Maintenant, le Seigneur m'a envoyée habiter à un endroit très éloigné. Lui seul sait ce qu'Il me réserve dans son riche magasin, parce que je sais qu'Il a un plan pour moi. Je me mets à sa disposition en attendant patiemment. **Car de Lui Seul viennent toutes les bonnes choses et ses promesses sont immuables.**

CHAPITRE XI

MES ENFANTS

Le Bon Dieu a fait de moi une femme forte, courageuse, remplie d'endurance qui me rend capable de surmonter les difficultés, capable de résister aux mauvais coups de la vie, capable de vaincre les embûches qui se présentent sur mon chemin. Je suis mère de quatre garçons. Mon premier est né, dit-on avec une malformation de l'estomac. Il a eu à subir une intervention chirurgicale quand il n'avait que deux mois d'âge. Il était né avec ce qu'on appelle dans le language médical **"une sténose du pylore"**. Ce fut le blocage de l'organe qui sert de soupape en reliant l'estomac aux intestins grêles. Blocage qui a eu lieu pendant sa formation dans le sein maternel selon les dires du médecin. Il fut un ravissant bébé en santé pesant 8 livres ¾ à sa naissance. Ce n'est qu'après quatre semaines qu'il a commencé à rejeter tout ce qu'il prenait. Il m'est venu à l'idée une question qui me tourmente jusqu'à présent. Je me demande pourquoi ces symptomes ont-ils pris quatres semaines pour apparaître? Puisque c'est une malformation congénitale, pourquoi pas tout de suite après sa naissance?

A cette époque, j'habitais avec ma belle-mère, et la soeur de mon mari que l'on disait "folle" demeura aussi dans cette même maison. Je me demande n'est-il pas une méchanceté de sa part? Je me souviens qu'un jour je l'avais surprise en-train de se glisser dans ma chambre, et en me voyant venir, suspecte, elle a vite fait de se déplacer en me disant: "Le bébé pleurait, j'ai été voir pourquoi". Alors que ce petit dormait paisiblement dans son berceau. Innocente, j'en avais aucun soupçon. Ces gens-là sont si terribles qu'ils sont capables de tout faire tout en gardant une attitude de piété. Elle avait aussi jeté des oeufs de scarabée dans la casserole contenant les biberons que j'avais stérilés pour préparer les repas de mon bébé. Et son frère irrité de cet acte avait voulu la frapper. C'est après toutes ces péripéties connues avec mon mari que je me suis fait ces réflexions.

Ce fut un Vendredi 13 Mars que ce nourrisson a eu à subir cette opération. Bien que dans la croyance populaire, le chiffre 13 a une notification négative, mais quand il y a de l'urgence dans la demeure, ce même maudit numéro devient celui de votre chance. Tous les jours sont les jours du Seigneur. J'ai appris que ce Grand Maître de l'univers sait se servir du mal pour votre bien-être. Dans son omniscience et sa Puissance, Il peut faire ce qu'Il veut, Il n'a pas de parti pris. Il est le Dieu de l'impossible.

Avec cet étrange maladie, mon fils était réduit à un squelette. De huit livres qu'il pesait à sa naissance, il était passé à cinq. En le regardant, on ne voyait que sa grosse tête, et le reste de son corps ressemblait à un manche à balai. Normalement, il devrait passer au trépas. Le Seigneur lui a donné la vie pour une raison très spéciale. Après quatre heures à la salle de chirurgie, les quatre médecins qui l'assistaient, étaient venus me l'emmener alors que patiemment j'attendais en prière dans sa chambre. L'anesthésiste m'avait demandé de surveiller ses réactions. A son réveil, il pleurait en cherchant son biberon. J'avais dû lui introduire et tenir son pouce à la bouche pour éviter ses efforts sur la couture au ventre qui menaçait de s'ouvrir.

Ce fut pour moi des moments de constantes émotions. Il avait ainsi passé huit jours à l'hôpital, et avait récupéré au fur et mesure mais vite. Il avait bien répondu aux traîtements qui suivent, et avait recommencé à prendre son biberon deux jours après. Il était sorti guéri, mais fragile parce que je devrais surveiller et contrôler son alimentation. L'opération avait bien réussi. Donc, il était sorti victorieux de cette intervention. Il était redevenu plus ravissant que jamais. Comme une jeune mère dépourvue d'expérience, j'ai eu le coeur brisé en traversant ces moments d'angoisses. Je ne savais quoi faire. C'est l'Eternel, ma force et mon soutien.

L'opération de ce bébé avait ébranlé le corps médical de

l'hôpital. Tout le monde en parlait, et l'on cherchait à connaitre qui est ce bébé. Ce fut un cas tout à fait particulier. Quand ces genres d'anomalies se présentent, l'enfant meurt toujours si les parents ne possèdent pas les moyens financiers pour le faire voyager. C'est un fait qui ne se produit pas souvent. Les docteurs avaient pris le risque de procéder à cette délicate intervention chirurgicale. Cet évènement a été si extraordinaire qu'on l'avait rapporté sur les journaux, et on l'avait publié sur toutes les stations de radio de la capitale. Cela comptait pour une éphéméride. Gloire à Dieu, mon fils en est sorti vainqueur. Voyant ma misère, étant une jeune mère inexpérimentée, le Seigneur m'avait fait grâce. Il intervient toujours dans mes moments difficiles. Il parait que je sais faire les évènements sans m'en rendre compte.

Bien que les conditions dans lesquelles je vivais ne m'aient pas plu, j'étais très contente à la naissance de mon premier bébé, parce que j'essais toujours de passer l'éponge pour faire la paix. Comme une institutrice, je m'attendais à appliquer les principes pédagogiques étudiés à l'école normale dans son éducation. Etant imbue de cette carrière, pour tous mes enfants, je cherchais toujours à travailler dans la même école qu'ils fréquentaient de façon à les avoir toujours sous mes yeux. C'est pour cela que j'admettrais que personne m'adresse des reproches concernant leur conduite parce que j'étais trop soucieuse de leur éducation. Ce sont des intrus qui se sont infiltrés dans ma vie, qui m'ont influencée et ont détruit toutes mes espérances. Je nourrissais pour lui de très grands rêves. J'avais l'intention de prendre soin de lui de mon mieux pour faire de lui "**un homme heureux demain**", mais le résultat ne fut pas celui auquel je m'attendais. Je ne trouve pas de mot pour traduire l'amour que j'éprouvais pour ce fils. Il avait deux ans et je l'emmenais avec moi à l'école où j'enseignais. Je lui avais acheté un large chapeau (sombreo) pour le protéger du soleil. Je l'admirais parce qu'il était très mignon. Pour moi, il était le plus beau bébé du monde. Et l'une de mes relatifs, toujours dans le but de me jeter le blâme, me démoraliser et me dégrader, a eu à me dire: "Ce bébé ne détient pas cette beauté à cause de toi". Cela veut dire que je suis trop laide pour mettre au monde un aussi bel enfant. Comme étant couturière, c'est avec grands soins que je lui confectionnais de jolis petits costumes.

A ces deux ans, il parlait clairement en articulant parfaitement les mots, et mes collaboratrices me complimentaient pour avoir un langage aussi dégagé pour son jeune âge. On prenait du plaisir à l'entendre parler. Il était toujours avec moi. Je me souviens quand ce fut le moment pour l'emmener au kindergarten pour la première fois, en le laissant à la barrière, nos regards se sont croisés. Et tous les deux, nous nous sommes mis à pleurer. Il me regarda et cria péniblement: "Mommy". Et la portière de me dire: "Je ne peux pas prendre la responsabilité de l'enfant et de la mère qui pleurent en même temps. Partez madame!" "**Mommy**" **Quel superbe nom!**

Très jeune d'une voix claire, il montrait son talent de chanteur. Comme institutrice, je l'encourageais en le faisant exercer ce talent à la maison. Je le faisais chanter des rythmes enfantins qu'il connaissait par coeur. Je les enregistrais sur bande magnétique disant que je vais les conserver jusqu'à son âge adulte. J'apprenais parfois ces chansonnettes apprises à l'école de lui. Il avait quatre ans quand à la convention annuelle de l'église, il a fait trembler l'assemblée en chantant un cantique vivement applaudi par tous. A la fête de Noel, il avait récité un poème qui édifia toute l'assistance. J'étais fière de mon fils parce que je ne recevais que des compliments pour un travail bien fait. Mais avec ses idées irronées et préconçues, son père l'a dévié de sa vocation.

Il avait sept ans quand il a vu sa mère et son père se séparer dans des conditions inhumaines. Il fut traîté rigidement par ce dernier qui lui défendait tout contact avec moi. A cause de cela, il fut sur une constante surveillance. Je me souviens qu'un jour, il supplia son père de le laisser passer un moment de visite avec moi. Ce que ce tenace a fait, il l'avait emmené effectivement chez moi, mais il ne l'avait pas laissé libre. Il lui avait accordé trente minutes, et resta assis dans la voiture, montre à la main devant la porte. Tout cela a contribué à sa révolte contre ce dur plus tard. Un jour tristement, il a eu à me demander: **"Maman, vas-tu mourir"**? Surprise, j'ai rétorqué: "Pourquoi cette question"? Il m'a répondu: **"Les enfants de ma tante (ses cousins dans la maison où il habitait) m'ont dit qu'après ta mort d'appeler leur mère "maman"**. Une petite âme innocente ne fait que répéter sans comprendre ce qu'il entend, et ce qui frappe son imagination. Avec tendresse, je l'avais réconforté en lui disant: **"N'aie pas peur mon fils, maman ne moura pas"**. Donc, leur plan était de me frapper jusqu'à m'exterminer. Et personne ne saurait la cause de ma disparition, parce qu'il me réserverait des funérailles des plus somptueuses pour faire plaisir à la société et tromper tous les curieux. Comme tel père, tel fils, il voulait pratiquer les mêmes procédés et les mêmes approches de son père sur moi. Mais ce qu'il ignorait, c'est que: **"Celui qui est gardé par Dieu, est bien gardé"**.

Mon fils a été martyrisé par les gens de cette maison à cause de moi. Pendant qu'il dormait, on était venu uriner sur sa tête pour le réveiller. Après le départ de son père, sur demande formelle de ce dernier, il ne devrait entretenir aucun contact avec moi. Il était gardé sévèrement jusqu'un beau jour trompant leur vigilance, il s'est achappé. Il avait tellement envie de me voir, qu'il a parcouru plus de quatre cent kilomètres à pied pour venir chez moi. Il était venu me trouver trempé de sueur. Il m'a dit: **"Maman, j'ai marché pendant quatre heures"**. Et, mon coeur saigna. Il fut traumatisé par cette belle-mère mégère qui voulait se servir de lui pour son domestique. Il a assisté à l'intervention de la police dans la séparation de son père d'avec cette dame. Il a survécu des gangs de New York, et résista contre les interventions occultes de son père.

Il me raconta qu'après la séparation de son père de cette femme, il a eu à vivre avec une autre tante qui lui demanda aussi de l'appeler "**maman**". Et, il s'est dit en lui-même: **"Pourquoi, n'ai-je pas une mère?"** Depuis ce jour, il ne savait quel nom utilisé pour l'appeler. Il ne l'a jamais appelée "<u>maman</u>" ni tante non plus. Ce fut pour lui une insulte. Et, il a fait cette réflexion: **"Pourquoi à chaque instant mon** père m'apporte-t-il une maman? Après son mariage avec sa seconde femme, il m'a dit: "Voici une maman que je te donne". Mes cousins m'ont demandé aussi d'appeler leur mère "maman" et voilà que venu ici chez sa soeur, il m'a demandé une fois encore d'appeler cette tante "maman". Quelle est cette comédie? Pour qui me prennent-ils? Suis-je une chose ou un robot que l'on manipule à sa façon? N'ai-je pas de sentiment moi aussi? N'ai-je pas droit à mon propre opinion? Il parait que je n'ai pas une maman. Je connais qui est ma mère". Il a voulu effacer mon image chez l'enfant. Il m'a dit que la première réaction de sa femme à son arrivée, était de lui dire: "Va me chercher mes pantouffles". Et, il détestait cette commande. Il se sentait humilié. Il me disait encore, un jour cette dame était rentrée, et l'ayant vu assis au salon, entrain de jouer avec son vidéogame, elle s'exclama: "Déplacez-vous! Vous avez toujours vos oreilles ouvertes pour écouter les conversations des autres. Il était tellement préoccupé avec son jouet, comment pourrait-il écouter ses conversations? Il s'était senti vexé. Comme une belle-mère, elle ne l'aima pas.

Chez cette tante, lui et son père partagèrent la même chambre. Il me dit que des fois, il sait se réveiller le matin pour le trouver changer de position. Il se voit coucher sur le dos avec ses deux mains croisées sur sa poitrine. Il se débattait pour se réveiller, et ses paupières restèrent durement fermées. Quand enfin, il a pu ouvrir ses yeux, c'était pour éprouver une drôle de sensation toute la journée. C'est un phénomène qu'il n'arrive pas à expliquer. C'est comme s'il n'était pas lui-même. Donc, il se pose des questions. Quelque chose retient son attention. Quelque chose s'était produite pendant la nuit à son sommeil. Ce que son père ignore, c'est que cet enfant est mon fils aîné. **Tous les aînés sont des oints de l'Eternel.** Et, à cause de moi sa mère, qui constamment prie pour lui, aucun malheur ne s'approchera de lui. Donc, il est béni et protégé. Et, je le crois de toutes mes forces. "Si tu crois, tu verras la Gloire de Dieu", parole du Seigneur.

Comme le sport quel qu'il soit efface le stress, mon fils avait choisi de s'adonner aux poids lourds, ce qui l'aida beaucoup à parer pas mal de mauvais coups. Il pratiqua cette discipline si sévèrement que son corps s'était transformé jusqu'à lui permettre de participer à une compétition sportive dans son école. C'est chaque jour qu'il fortifia son corps qui s'était embelli et devenu musclé. Et, il exerca devant un miroir les mouvements qu'il allait exécuter devant le public. Pour cela, il devrait porter seulement une culotte pour montrer son superbe anatomie. Mais, son père s'y opposa, et il y avait des prix et de l'argent dans l'affaire. Toujours animé d'un esprit désuet, il le lui a défendu disant qu'un chrétien n'a pas le droit d'exposer son corps au public.

A cause de cela, il n'avait pas participé à la compétition. L'école l'attendait ce jour-là. Frustré et découragé, il ne s'était pas présenté. Malgré tout, on lui avait réservé la deuxième place. Voilà comment on ne peut réaliser aucun progrès avec cet homme à esprit arriéré et tortueux. C'est ainsi qu'il brise tout votre élan. Et, il veut que l'on l'imite comme un parfait modèle.

Mon fils, dès son jeune âge, a connu toutes les misères du monde. Il fut torturé, brutalisé, traumatisé physiquement et moralement avec les conditions dans lesquelles il vivait. Bien qu'il ait vécu loin de moi, je ressentais ses souffrances. Nous nous communiquions par télépathie. Il m'a dit pendant son enfance, la fête des mères était le jour le plus terrible pour lui. J'éprouvais aussi les mêmes sensations ce jour-là. Je me souviens qu'à la célébration de la Fête des Mères à l'école où je travaillais, je ne pouvais retenir mes larmes en pensant à mon fils. Et mes collaboratrices étonnées, n'arrivaient pas à comprendre pourquoi je pleurais. C'est pour cela que je me débattais comme un beau diable pour arriver à le rencontrer. Et, c'est ce que j'avais fini par réaliser.

Il avait seize ans quand j'avais fini par le voir après beaucoup de démarches auprès de mon Dieu, soit sept ans après son départ pour les Etats-Unis. Son père qui était de passage, l'avait laissé passer deux semaines avec moi. J'étais allée le chercher à l'aéroport. Oh! Ce fut un jour de triomphe! A partir de ce jour, mes relations avec mon fils étaient devenues de plus en plus serrées. De là, il a établi la différence entre la vie chez son père et celle chez sa mère. A cause de ce mauvais esprit qui règne dans leur maison, ils ne sont pas des gens libres. Ils sont amarrés, emprisonnés, victimes de leur servitude. La Bible nous dit: **"Quand l'esprit du Seigneur est sur vous, Il vous rend libre".** Il avait commencé par prendre conscience de la façon dont tout humain doit vivre. Il y a quelque chose qui bouge dans son esprit. Et, son attitude avec son père change.

J'avais assisté à une scène révoltante pendant ma visite chez eux un jour. Les enfants suivaient attentivement un film à la télévision quand cet intrus était venu à passer devant le petit écran. Alors, les enfants s'écrièrent: "Déplace toi, tu nous empêches de voir"! Il se fâcha et s'implanta devant la télé pour leur faire cet imbécile remarque: "Si c'était l'école du Dimanche, vous ne serez pas aussi enthousiasmés". Moi, je ne voyais aucun rapport de ce qu'il avança. Et, la Bible nous dit: "Père, n'irritez pas vos enfants". Cette attitude ne fera que les porter à détester l'église et s'éloigner de vous.

Quand j'étais dans mon pays, j'ai travaillé à un Jardin d'Enfants pendant près de huit ans. Ce fut une institution très recherchée par les parents qui voulaient placer leurs petits à cause de la bonne formation que ces derniers reçoivent. L'on célébrait tous les évènements qui se déroulaient dans le pays. C'est ainsi que chaque année à la saison carnavalesque, l'on choisissait un thème pour célébrer ce moment. Les élèves ainsi que les jardinières étaient déguisés. Selon le sujet choisi pour la circonstance, l'on peut être Chinois, pirate, Afranchi, Espagnols, etc... L'on organisa une grande fête artistique en plein air dans la cour de l'école où tous les parents et amis étaient invités à venir assister. Ce fut réellement une ambiance de rire et de gaîté en ce jour de masque. Ce travail m'avait beaucoup soulagée de la dépression profonde dont je souffrais parce que je travaillais dans une atmosphère très détendue. Mon fils qui très souvent faisait des petites escapades pour venir me voir, avait participé pleinement à ce festival. Il avait sept ans. Son père qui s'opposa à toutes ces activités qu'il taxa de mondain et de perversion, a su qu'il était venu à mon travail ce jour-là. Cet homme, rouge de colère, était venu chez moi gesticulant et criait en compagnie de l'enfant qui était saisi de peur. Je pensais qu'il allait faire un arrêt du coeur ou qu'il avait perdu la tête. Il m'accusa de vouloir corrompre l'enfant parce que j'avais laissé le démon pénétrer dans ma vie, et je mérite d'aller en enfer. Comme la radio jouait une musique très entraînante, ma réaction était de danser en sa présence comme réponse. J'avais commencé à ne pas me laisser intimider pour ses fourberies. Et violemment, il était parti furieux avec ce pauvre petit. Et, je me suis demandée: "Qu'adviendra-t-il de lui en arrivant à la maison". Pensez-vous que cela l'avait ébranlé? Il continua à venir me voir à l'école jusqu'au jour, échappant à leur vigilance, il a parcouru des centaines de kilomètres à pieds pour venir jusque chez moi. Il était à la recherche d'un refuge pour s'éloigner de l'atmosphère macabre qui reigna dans leur maison.

Quand mon fils eut atteint ses dix huit ans, après ses études secondaires, il avait passé plus de deux mois de vacances avec moi. Quand l'heure de son retour arriva, parce qu'il devrait reparti à cause de ses études, son coeur se serra, et il éprouva du chagrin. Arrivé chez son pére, il s'était révolté, et ce dernier m'accusa d'avoir jouer dans son esprit pour le provoquer à se détourner de lui. Et pourtant, je ne lui avais fait aucune remarque. Pendant son passage chez moi, je ne lui avais soufflé un mot au sujet de son père. Après tant d'années de séparation, j'avais créé une bonne ambiance dans la maison pour lui permettre de passer des moments agréables. Son père avait oublié que l'enfant n'est pas un chose que l'on manipule. Il a des yeux pour voir. Il possède un jugement. Dieu lui a donné un esprit de dissernement, et surtout vous l'avez fait beaucoup souffrir toute sa vie pour satisfaire vos désirs mesquins.

J'avais profité de son séjour pour lui apprendre à conduire. C'est moi qui pour la première fois, l'avais emmené sur une place publique pour l'instruire à manoeuvrer un véhicule. J'avais voulu qu'il soit épanoui, rayonnant. Je n'aimais pas son attitude sombre, son comportement morode étant un jeune garçon. Et content, il était retourné à New York muni de sa licence de conduite. Alors, son père était devenu jaloux. Il l'a accusé d'aimer sa mère plus que lui, et lui a proposé de vivre avec lui comme deux frères. Et, mon fils de lui répondre: **"C'est une chose qui vient naturellement par la façon dont quelqu'un vous traîte. Ce n'est pas à se demander"**.

Et une guerre s'éleva dans la maison. Le père a reçu le revers de la médaille. Mon fils a eu à me dire: "Maman, quand je viens chez toi, je me sens bien, c'est comme si ta maison est remplie de lumière, et celle dans laquelle il habite est noire. Il y a un mauvais esprit qui y règne. On peut sentir sa présence qui se manifeste dans le comportement de ces gens. C'est une atmosphère lourde qui vous paralyse. Il a passé seulement trois ans à l'Université. Il aurait pu se perfectionner davantage, mais l'empressement du moment l'avait poussé à abandonner ses études très tôt. Après sa graduation, il a trouvé tout de suite du travail. A l'âge de vingt et deux ans, avec ses économies, il a quitté la maison de son père pour aller louer son propre appartement. Il avait marre de ce genre de vie. Il n'a jamais mis les pieds chez eux depuis ce jour, parce qu'il se débattait pour sortir dans cette ambiance suffocante. Il a peur de cette maison où il a passé toute son enfance.

Cela fut arrivé un Vendredi 13 Mars, soit juste vingt et deux ans après son intervention chirurgicale. Et moi de lui dire: "Tu as eu la vie sauve un Vendredi 13 Mars quand tu étais bébé, tu as voyagé pour les Etats-Unis un 13 Juin, et voilà que c'est encore un Vendredi 13 Mars que tu t'es échappé de la servitude. C'est un signe que Dieu te donne. Tu dois reconnaitre son intervention dans ta vie. Et, après qu'il eût laissé leur maison, il lui arriva d'avoir des cauchemars chaque nuit. Il était tourmenté dans son sommeil. Voyant qu'il l'a échappé belle, son père pratiqua ses invocations occultes pour le bouleverser.

Et je suis toujours après lui en observant sa conduite, parce qu'étant élevé par ce père macabre, et aussi par gêne, il lui serait facile de contacter sans le savoir ses vieilles habitudes. Ce qui pourrait l'handicaper et le faire souffrir toute sa vie. Bien que des fois il se fâche quand je lui dis que tu agis comme ton père. Il pense que c'est une injure parce qu'il n'aurait pas aimé lui ressembler. Mais je dois le lui dire pour le rappeler à l'ordre, et le porter à se souvenir de ses misères. Car, je n'aurais pas aimé que cette tradition maléfique continue.

 A l'âge de vingt et trois ans, il s'est marié, et est maintenant père de deux enfants. Voyant que son fils s'est écarté de lui, parce qu'il n'a pas répondu à ses malveillants désirs, il n'était pas venu assister à la cérémonie nuptiale. Et aucun des parents du côté paternel n'y était présent. Ils agissaient comme des non-civilisés, comme des arriérés. J'étais celle qui le supportait et l'aidait dans ses dépenses. Grâce au Grand Dieu, il a eu un mariage somptueux. La célébration a eu lieu à l'un des plus prestigieux hôtels de New York. Tous les assistants se délectaient de la présentation. Et son père frusté, lui a prononcé une malédiction en disant: **"Je souhaite que tu te casses les jambes pour me revenir"**.

En agissant ainsi cher père, même si tu es aigri, penses-tu que tu manifestes de l'amour à ton fils? Quand finiras-tu de faire du mal? N'a-t-il pas droit à vivre sa vie? Pauvre égoiste, tu ne penses qu'à satisfaire ta propre personne. Espèce d'idiot, tu te trompes. Cela n'arrivera jamais par le pouvoir du Tout-Puissant, **car mon fils aîné est son oint. Ce sera toi-même qui auras à perdre tes jambes.** Tu es plus que le diable en personne.

Lorsque Samy fut âgé de deux ans, j'avais mis au monde un deuxième garçon qui n'a vécu qu'un jour. Il était apparu un Jeudi soir pour disparaitre un Samedi matin. Cet enfant, ayant aperçu les calamités qui l'attendaient, a vite fait de se retirer très tôt pour s'y échapper. J'ai eu une grossesse très bouleversée. J'ai eu des vomissements et des nausées tout au long des neuf mois. Le jour de sa naissance, au lieu de présenter sa tête, il avait montré plutôt son postérieur. Ce qui rendait l'accouchement quasiment difficile. Le gynécologue qui procédait à l'opération, avait essayé de le placer dans la bonne position, mais il refusa de sortir. Il le força en utilisant les forceps qui écrasèrent sa petite tête délicate. Donc, ayant reçu un choc à la tête, il n'a pas pu résister à ces douleurs. Malgré que le médecin ait eu recours à la césarienne, il était trop tard. Mon bébé a succombé un jour après. Et mon coeur une fois de plus se déchira. Je vivais constamment sous un état de choc ne pouvant voir aucun bébé. Ce fut pendant que je le portais que j'ai pris connaissance de toutes les orgies que mon mari pratiquait dans la maison. J'étais tombée dans une situation que je voulais le voir mourir. Je le haïssais.

Mon mari, je l'identifie au rusé malin. A chaque fois qu'il commet un acte soupçonneux, automatiquement le doute saute à mon esprit. Je me souviens qu'au jour de mon accouchement, il m'avait accompagnée à l'hôpital. Il était resté à la salle de travail pour attendre l'arrivée du gynécologue. Sitôt que ce dernier rentra à la porte, il s'était éclipsé automatiquement. Cela avait attiré mon attention. J'ai senti que c'est comme s'il y avait un signe de communication qu'ils se donnaient entr'eux. Au lieu de rester pour me supporter, il a disparu. Et je ne l'ai jamais revu. Dans mon esprit, c'était comme s'il disait au médecin: **"La voilà, je te la livre, fais en ce que tu veux"**. Et tout à coup, une peur m'avait envahie. J'étais restée seule avec ce médecin qui ne s'était pas montré gentil du tout pendant ce terrible moment. Il était brutal avec moi. Il faisait des colères pendant toute l'évolution de cette opération. Quand il utilisa les forceps, il le faisait avec violence. Je me suis sentie comme une chose qu'il était entrain de manier. Lorsqu'il a décidé de procéder à la césarienne, la tête de l'enfant était à mi-chemin de la sortie. Il m'a dit de baisser les jambes. Au même moment, j'avais fait en moi cette réflexion: "Oh! La tête de mon bébé"! J'ai senti tout de suite qu'il allait mourir.

Voyant que ce dernier était en position assise, il a introduit sa main jusqu'au poignet à l'intérieur de mon vagin pour le placer dans la bonne position. Mon bébé était maltraîté et fatigué dans mes entrailles. J'ai crié de toutes mes forces. Je voyais la mort. Il agissait comme si c'est une mission qui lui était confiée. Je n'ai jamais vu de bourreau agir d'une façon pareille dans une situation aussi délicate. S'il vous plaît, il n'est pas un crétin. Il est compté parmi les plus grands gynécologues de la ville.

Le lendemain de ma crucifixion, il s'était présenté gêner à l'hôpital. On pouvait lire sur son visage qu'il est coupable. Il maintenait un caractère sévère. Il ne souriait pas. Il savait pertinemment qu'il était dûment responsable du départ de mon bébé. C'est lui qui par ses mauvaises manoeuvres et sa brutalité, avait causé sa mort. Par la suite, il agissait comme s'il voulait se débarrasser de moi. A chaque fois qu'il me voyait venir à la clinique pour les traîtements qui suivent après la césarienne, (parce que j'étais profondément blessée) j'avais l'impression qu'il voulait s'enfuir. Il avait peur que je réagisse. Le travail a été tellement fait avec négligence, qu'à la couture du ventre, il y avait un petit point qui suintait constamment. Il ne pouvait être guéri. J'avais dû solliciter les soins d'un autre gynécologue qui m'avait retirée de cette impasse. Je n'avais jamais eu l'occasion de toucher ce bébé. Je l'avais seulement vu bénévolement ce même soir tout de suite après la césarienne, parce que j'étais sous l'effet de l'anesthésie. Il fut un superbe bébé pesant huit livres. Je ne l'avais pas entendu crier comme un bébé normal. Il se plaignait. On m'a dit qu'il était couché immobile à regarder le plafond. Il ne cherchait pas à téter comme le faisait un nouveau-né. On avait essayé de le nourrir à l'aide d'un tube. Mais, au Samedi matin, il était devenu bleu, et il s'est éteint. En un jour, il a connu toutes les souffrances du monde. C'était trop pesant pour lui, pauvre bébé. Et, le médecin de me dire que même s'il continuait à vivre, il serait un hébété, un nul. J'aurais à porter ce fardeau durant toute sa vie. Donc, il vaut mieux qu'il s'en aille.

J'avais passé huit jours à l'hôpital pendant lesquels je ne faisais que réclamer mon bébé. On me disait qu'il a la fièvre, et que je ne pouvais pas le voir pour le moment, mais il était déjà passé au trépas. Plusieurs frères et soeurs de l'église étaient venus me voir et priaient avec moi, ce qui me paraissait étrange. Mais, je n'avais aucun soupçon que mon bébé était parti. Ce n'est pas que je me plaigne de son départ, mais c'est la façon dont il a succombé. On m'avait annoncé la mauvaise nouvelle la veille de ma sortie de l'hopital.

Ce jour-là, après être victime de ces atroces douleurs, je m'étais armée de tous les courages du monde pour pouvoir résister. Je n'avais pas pleuré, mais j'étais entrain de crâner. On s'attendait à me voir réagir. Non, le Seigneur m'avait soutenue par ses bras tout puissants. Pour me consoler, calmement j'étais allée visiter tous les autres bébés de la nurserie. C'est arrivée à la maison que j'avais commencé à ressentir le poids de cette douleur. Je cherchais mon bébé qui n'était plus. Toutes les préparations faîtes pour sa venue (berceau, lingerie, layettes, etc…) pour essayer d'oublier, je les ai tous donnés en cadeau. Ma vie n'est-elle pas faite de tristes tragédies?

Je crois que pour ce médecin-là, c'est un acte qui le poursuivra toute sa vie. Car, **on ne touche pas à l'oint de l'Eternel point final**. A chaque fois que ces souvenirs me montent à l'esprit, je les repousse de toutes mes forces. Je ne sais ce qui était advenu de ce malheureux bébé parce qu'après l'avoir vu ce Jeudi soir, je n'ai jamais eu de ses nouvelles. J'ai voulu l'avoir pour les suites nécessaires, on me l'avait défendu. On m'avait dit quand un nouveau-né meurt, l'hôpital le garde, et se charge du reste. Pensez-vous que je sois capable de supporter d'autres douleurs? Si j'éprouve des contentements pendant mon existence, c'est par la grâce de mon Dieu. **Car Il est celui qui sèche les pleurs**. Quoi de terrible va-t-il encore se produire? Le Seigneur, mon Sauveur et mon Protecteur seul le sait.

Après ce malheur, toujours dans le but d'observer les commandements de Dieu, je me suis dit: "**Le Bon Dieu nous de-**

mande de pardonner si l'on veut recevoir ses faveurs." Donc, j'avais pris la décision de pardonner, de tout oublier, et de recommencer une nouvelle vie avec mon mari. J'avais voulu renouveler mes promesses à zéro bien que je fusse troublée. C'est ainsi que nous nous sommes réconciliés. Mais, je vivais dans un état de choc après la mort de ce bébé. J'ai eu à souffrir d'insomnie. Je passais des nuits entières sans fermer les yeux. Mon psychologue m'ordonna des somnifères. Mais quand je prenais ces pillules, je ne dormais pas réellement. J'avais tout simplement les yeux fermés, je n'étais pas reposée. Je me réveillais pour me trouver encore plus abattue, plus inquiète qu'avant. J'avais le vertige. Je ne pouvais pas me contenir.

J'ai eu à être tombée enceinte huit mois après, et j'avais mis au monde mon troisième fils qui fut un prématuré. Comme j'avais eu à subir une terrible césarienne, la matrice étant tellement blessée et fatiguée, n'était pas suffisamment guérie. Elle devrait se reposer pendant un bon bout de temps avant de supporter encore le poids d'un autre bébé. Il était trop tôt pour moi de porter un bébé. J'avais sept mois de grossesse quand j'avais commencé à saigner, et je ressentais des douleurs. J'avais dû appeler le gynécologue en urgence un Dimanche soir, et celui-ci avait tout de suite procédé à une césarienne. La matrice était prête à crever. Elle allait éclater, et l'enfant et moi, nous serions tous morts.

Le docteur avait fait son intervention jusqu'à temps pour nous sauver la vie. Après cette deuxième urgente opération, ce dernier m'avait passé ces ordres formels: "Si tu veux être en vie, plus d'enfant". Si je voulais à l'avenir mettre un autre bébé au monde, il me faudrait attendre au moins cinq ans pour permettre à la matrice d'être bien guéri, et l'on doit encore procéder à une césarienne.

Ainsi né prématurément, mon bébé devrait commencer sa vie d'une manière très délicate. Au fur et à mesure que je lui prodiguais des soins spéciaux, il progressait dans son développement. Les lignes rouges sur sa peau disparaissaient, sa couleur était devenue normale, et il gagnait du poids. Il avait pris naissance pendant l'absence de son père qui m'avait laissée à quatre mois de grossesse pour se rendre à New York. Comme il fut né avant terme, son père doutait de sa provenance parce que j'avais passé un bon bout de temps chez mes parents après ma première césarienne. L'on juge les gens d'après soi n'est ce pas? Sachant qu'il est un malin, il a voulu me placer dans la même catégorie.

Pour échapper aux problèmes après la naissance de mon deuxième, j'avais pris refuge chez ma mère. J'avais des troubles psychologiques et j'étais encore tombée dans une extrême dépression. Ma seule solution était de m'éloigner de lui. Mon esprit réclamait un moment de repos pour pouvoir démarrer à nouveau. J'avais voulu me réconcilier toujours dans un esprit d'obéissance aux commandements de Dieu, et pour donner le bon exemple à l'église dont il est le prédicateur. Je lui avais pardonné tout ce qu'il avait fait à ma mère et à ma soeur, et je lui ai dit: **"Allons, recommençons à zero"**. Mais, il avait toujours gardé un esprit pervers. Ce bébé fut le résultat de notre réconciliation.

Ce dernier était âgé de huit mois quand il a attrapé une gastro-entérite qui lui avait fait perdre tout liquide que son corps contenait. Je pensais qu'il allait mourir parce que son cerveau était attaqué. Il ne bougeait pas ses yeux qui fixement regardaient le plafond. Pour le sauver, le docteur lui a administré le sérum par l'os du tibia en utilisant une grosse aiguille de la dimension d'un clou de charpentier qu'il frappait avec un marteau afin de permettre au vivifiant liquide de pénétrer au plus vite dans son système. La cause de cette maladie venait de ce que n'ayant pas d'argent pour acheter de l'eau distillée que d'ordinaire j'utilisais pour préparer ses biberons, je m'étais servie de l'eau du robinet infectée de microbes. J'avais perdu mon travail à l'époque, et la petite somme que m'envoya mon mari, ne suffisait pas pour prendre soin de mes deux enfants et de mes parents qui vivaient sous ma dépendance à la maison. A cause d'eux, j'ai failli perdre mon fils. Mon bébé a failli être endommagé. Mais insouscients, ils ne s'en rendent pas compte. **Je leur répétais toujours que c'est moi qui paierais les conséquences.**

Bien que je fisse bouillir l'eau, la chaleur du feu n'était pas assez puissante pour détruire la quantité de microbes qu'elle contenait pour un pur bébé. L'espace d'une matinée suffisait pour laisser partir cet enfant à qui je tenais beaucoup après la mort de mon deuxième. Que de misères pour Evelyne!

Le docteur craignait qu'il ne subisse un dommage au cerveau après cette grave maladie. Il m'avait demandé de surveiller ses réactions. A cause de cela, il a eu des difficultés pour parler. J'ai pu vraiment comprendre ses babillements quand il avait six ans. Ses petits camarades de classe au kindergarten, l'avaient beaucoup aidé à développer cette faculté. Et jusqu'à présent devenu adulte, il y a encore des mots qu'il n'arrive pas à prononcer parfaitement. A l'école, on l'identifia par l'enfant au langage difficile. La prononciation de certains mots provoque le rire de plusieurs. Mais lui, il ne s'en soucie guère. Le Bon Dieu lui a donné un tempérament, lorsque vous pensez l'ironiser, il vous désarme en vous aidant à rire de lui, sans vous porter attention, sans vous accorder d'importance. Il n'est pas agile dans l'accomplissement de certaines tâches. Des gens qui ne le connaissent pas le critiquent pour son drôle de comportement. Il arriva même à mon frère, son parrain de le bousculer pour sa maladresse, oubliant ses misères du passé. Ce dernier avait aussi pensé qu'il lui serait impossible de réaliser sa vie. Il se moquait même de lui. Mais moi sa mère connaissant la cause de ses empêchements, je ne cassa de prier pour lui. Car je sais que mon Dieu que je sers est le Dieu de l'impossible. Les disciplines reçues dans sa carrière militaire ont transformé sa vie.

Crois au Seigneur Jésus, et tu seras sauvé toi et ta famille. La parole de Dieu, c'est OUI et AMEN.

On devrait attendre qu'il soit âgé de cinq ans pour procéder à un encéphalogramme afin d'étudier l'état de son cerveau. Par la grâce du Tout-Puissant, tout allait pour le mieux. Son développement mental fut boîteux et lent parce qu'il ne réagissait pas comme les enfants de son âge. La réussite de ce fils est pour moi un miracle. Il était venu pour vivre. Je crois que le Bon Dieu a pour lui une mission tout à fait spéciale. Je reste toujours en prière et je le soutiens de mon mieux.

Ignorant ce que mon mari avait en tête, un jour il m'avait dit qu'il avait envie de voir et de connaitre son bébé. Il m'avait demandé de le lui envoyer par n'importe quelle personne qui rentre aux Etats-Unis. Profitant du départ de l'une de mes relatifs, sotte que je suis et voulant toujours faire plaisir, j'avais envoyé l'enfant pour aller mourir dans le froid de New York. C'était au mois de Décembre. Je n'étais pas au courant de la rigueur de ce froid jusqu'au jour où j'ai fait l'expérience moi-même. Arrivé la-bas, mon fils avait attrapé une pneumonie, il a été même hospitalisé. Il a failli laisser sa peau dans ce pays, et mon mari ne m'a soufflé un mot à ce sujet. A la suite de cette maladie, ses bronches sont restés faibles et fragiles. Son plus grand mal est d'attraper une grippe. Il tousse, il vomit, il a la fièvre, il est accablé. Il doit garder le lit avec des médicaments. Quand l'enfant était revenu, je ne sais pas s'il avait procédé à des cérémonies occultes sur lui, ce qui est probable, il était maigre et défiguré. Il ressemblait à un zombi. C'est alors que je me suis souvenue que plusieurs m'avaient prévenue de ce grand risque. Ils me disaient qu'il n'est pas prudent d'envoyer le bébé dans ce rude froid. Mais toujours dans l'esprit de plaire, j'avais consenti ce sacrifice en exposant la vie de mon fils. Et quand l'enfant fut né, pour prouver à mon mari que tout est oublié, je lui ai donné à porter son prénom.

N'ayant pas pu obtenir ce qu'il attendait de moi, puisque je n'avais pas répondu à ses désirs mesquins, il était rentré au pays pour me montrer ouvertement ses griffes de méchant. Il a manifesté sa cruauté à ce pauvre bébé alors qu'il n'avait que deux ans. Il était pour lui un étranger puisqu'il est né pendant son absence. Il avait peur de son papa. Au lieu de lui montrer sa tendresse, il le menaçait en le forçant à venir le trouver. Mon fils suçait son pouce. Il a voulu que coûte que coûte l'enfant quitte l'habitude en un jour. Ce qu'il a fait, avec une corde, il a amarré méchamment son pouce et son petit bras. C'était tellement serré que son bras s'enflamma depuis l'épaule jusqu'à la main. Et le bras de mon bébé était resté enfler pendant trois jours. J'avais dû frictionner ce petit membre d'une pommade pour l'aider à trouver un soulagement. Et mon coeur saigna. Pensez-vous que c'est de l'amour? Aurai-je le courage d'oublier toutes ces cruautés? S'il habitait les Etats Unis d'Amérique, il serait arrêté et puni pour child abuse.

Alors, je me suis dit: "Ce n'est pas à ce que je m'y attendais. Il est parti comme un âne pour revenir comme un mulet". J'avais pris donc la décision de l'abandonner cette fois-ci pour de bon. J'avais ramassé toutes mes affaires, et j'ai été louer ma propre maison. J'étais allée vivre avec mes parents, parce que ma santé morale était chancelante. Parfois, je sais penser au suicide. Mais quand vous êtes bien imprégné par l'assaisonnement du sang du Christ, il y a certains actes qui vous sont impossibles d'accomplir. Je devrais toujours aller consulter mon psychiatre. J'étais toujours sous l'effet des drogues prescrites par ce dernier. Je n'arrivais pas à vivre sans ces médicaments.

Il n'y avait aucune raison pour moi de vivre dans ces conditions parce que cet homme ne m'a apporté rien que des déboires. Il est toujours en quête de sexe pour m'apporter des bébés que je ne peux plus avoir. Surtout, il n'est pas fortuné, il n'a pas une éducation élevée. Il n'a fait aucune étude universitaire alors que moi je suis une institutrice diplômée. Il n'a pas un bon métier en main pouvant lui procurer de l'argent, alors que moi je travaille dans une grande école. Je peux me présenter à n'importe quel établissement scolaire parce que je détiens un diplôme valable. Il est seulement né d'une grande famille. Il est le fils d'un médecin qui ne parle que le français, et il s'enorgueillit à cause de cela. Alors, je me suis fait une raison. Je me suis regardée encore dans un miroir, et j'ai dit à moi-même: "Evelyne, ne vois-tu pas que tu es une belle femme intelligente et remplie d'avenir? Pourquoi te laisses-tu abuser de cette façon? Ma chère, réveille-toi, et secoue-toi! Tu peux vivre sans cet homme. Tu peux faire mieux que cela. Es-tu si sotte pour te laisser ainsi faire? Tu as deux garçons qui ont besoin de toi. Tu peux t'être utile." Et, j'ai pris la décision de ne plus visiter ce psychiatre parce que son traîtement est très coûteux. J'ai pris la résolution d'être mon propre médecin. J'avais donné une nouvelle direction à ma vie. J'ai refusé d'être sous l'influence de quiconque et d'être esclave d'une habitude. J'étais fatiguée de plaire à cette société très exigeante, mais de qui je ne reçois rien. J'ai accepté le divorce. Ma situation financière n'était pas assez brillante pour prendre soin de deux garçons. Je craignais pour leur éducation. C'est ainsi que mon aîné était resté avec son père.

Ce fut un déchirement dans mon coeur. Au tribunal, le juge avait décidé de lui laisser la garde du plus grand. A cause de l'âge tendre du plus petit qui ne le connait pas, il était à ma charge. Il pensait vouloir même le prendre disant que je ne sais pas comment élever un enfant. Pour se venger, il a abandonné cet enfant. Il l'a oublié d'une façon telle que même pour son anniversaire de naissance, il ne lui envoyait une simple carte voire lui donner un sou. Jamais un geste d'amour, c'est comme si l'enfant n'existait pas. Et quand devenu grand, mon fils a été **gradué sergent** dans l'Aviation Américaine, et il a épousé une institutrice philippienne ayant une maîtrise en éducation; en apprenant la nouvelle, cet homme a osé m'écrire, et n'a pas hésité à utiliser le terme **"notre fils"**. Il pensait comme toujours que je serai tendre avec lui. Je lui avais demandé s'il a la tête droite. C'était mon tour de lui retourner la balle en lui disant: **"Tu n'es pas digne d'être le père de Junior"**.

Ce fils a vécu avec moi toutes les misères du monde depuis sa naissance. Il fut avec moi partout où je me trouvais. Il connaissait tous mes secrets. Il fut pour moi un sincère ami. C'est ce qu'on appelle **"Votre enfant de coeur"**. Très compréhensif et très supportif, il ne voulait pas me voir souffrir. Il fut d'un grand aide pour moi dans la maison. Quand il travaillait, il m'apporta toujours quelque chose de ce qu'il gagne. Ce qui fait que je n'ai rien à lui reprocher. Pour me prouver son amour, il avait donné ses petites économies au travail comme avaloir sur l'achat d'une voiture qu'il m'avait offerte en cadeau d'anniversaire. Il fut toute ma joie. **Ainsi, le Seigneur l'a béni.**

Intelligent, il était toujours assidu à ses études. Il était si déterminé à réussir qu'il a sauté une classe. Il allait à l'école le matin pour la classe d'onzième, et le soir pour la douzième. C'est ainsi qu'à la fin de ses études secondaires, il fut gradué parmi les premiers portant autour du cou le cordon d'honneur. Il a obtenu une bourse d'études lui permettant de voyager pour la Virginie afin d'obtenir un degré universitaire. Avec beaucoup de difficultés, je lui envoyais de l'argent pour sa nourriture. Il me disait que des fois, il se nourrissait que du spaghetti précruit qu'il prenait matin, midi et soir. A l'Université, on était venu recruter des jeunes qui désiraient s'enroller dans des activités militares. Il a choisi d'être enrigistré dans l'aviation. Et, c'est là qu'il est entrain d'évoluer. Il a voyagé de pays en pays jusqu'à ce qu'il se trouve pour le moment en Allemagne. C'est un enfant qui fait ma fierté, et je n'hésiterais pas à consentir des sacrifices pour le rendre heureux. Car, la main du Seigneur est sur lui.

Comme déjà dit plus haut, sur son chemin il a fait la connaissance d'une Philippienne, et c'est avec cette jeune fille qu'il a décidé de faire sa vie. Ils se sont mariés et vivent heureux. Ils ont maintenant un bébé mâle. **N'est-ce pas une grâce du Tout-Puissant?** Comme déjà dit plus haut, en apprenant ses progrès, son père n'a pas eu honte de m'écrire en utilisant le terme: **"Notre fils"**. Je lui ai demandé si son coeur n'est pas troublé et son esprit tourmenté en utilisant ces mots, de ne pas essayer de saisir la gloire sous le couvert de l'évangile, parce qu'il peut leurrer tout le monde excepté moi qui le connais très bien, et de rester  comme toujours en dehors de la vie de mon fils, parce qu'il ne le mérite pas. **Si vous n'avez pas semé, ne pensez pas vous préparer à récolter.**

Je dois ajouter que ce fils, ne voulant pas répéter ce qu'il a entendu dire, était allé personnellement à New York prendre contact avec son père pour lui poser des questions concernant la raison de son attitude avec lui. Il voulait entendre de ses propres oreilles la réponse de ce dernier afin de lui donner une dernière chance. Il m'a expliqué qu'à certaines de ces questions, il ne lui a donné aucune réponse parce qu'il ne savait quoi dire pour justifier ses actes. Intelligent il pense qu'il est, il a préféré changer de sujet. Alors, mon fils a décidé de se séparer complètement de lui. Et, il est reparti pour ses services en Allemagne.

Je me souviens une fois dans le passé, ce fils était en visite à New York. Comme son grand frère vit avec son père, il avait cherché à le voir. Les deux frères devraient aller à un endroit quelconque, et leur père avait à leur donner un peu d'argent.

En sa présence, cet homme a donné de l'argent à son grand frère. Il s'attendait à ce que son père fasse le même geste à son endroit. Et, il lui a demandé: "Et moi, tu ne me donnes rien?" Sa stupide réponse était: "Toi, tu n'as pas droit à mon argent". Mon fils m'a dit qu'il a eu honte, et son coeur se serra. Il se sentait humilié par ce dur, et il se demandait pourquoi. Il était venu meurtri me raconter cette mésaventure qui l'avait profondément blessé.

Pour participer à son mariage, je me demandais comment allais-je faire parce que pour se rendre dans les îles Philippines, cela coûte. Sous la dictée du Saint Esprit de Dieu, j'ai vendu la maison que le Seigneur m'avait fait acheter depuis dix-huit ans, et avec les profits tirés de la vente, j'ai pu effectuer ce voyage en compagnie de mon benjamin qui fut choisi pour être le parrain de noces. J'ai pu l'aider amplement dans ses dépenses.

"Vous qui souffrez sous le joug du méchant, secouez-vous, et sortez. Comprenez le plan de Dieu pour vous. Ne marchez pas la tête baissée, parce que le bon Dieu ne vous a pas donné un esprit d'esclave. Il vous a créés pour marcher la tête haute, et être toujours victorieux en sa présence. Jésus-Christ avait touché la langue et les oreilles du sourd-muet, et s'est écrié: "Ephphatha!" Ce qui signifie: "Ouvre-toi!"! Sortez, sortez de cette situation macabre et misérable!

Ouvre-toi! Soyez ferme et inébranlable, et essayez de votre mieux de faire sa volonté. **Tenez vos yeux ouverts pour reconnaitre sa voix parce qu'Il utilise, et envoie qui Il veut pour vous parler et vous réconforter. Obtenez la sagesse, et ne laissez jamais personne vous mettre sous ses pieds. Placez toujours votre confiance en Lui. Ne vous enorgueillissez pas, car la Gloire ne revient qu'à Lui Seul!!!**

Mon quatrième garçon est né dix ans après mon troisième. Comme prévu, j'ai eu à subir une césarienne à sa naissance. Pour son malheur, cet enfant est né avec une malformation de ses globules rouges connue sous le nom d'anémie falciforme. Il était venu comme un bébé ordinaire pesant six livres. J'ai pris connaissance de son mal, quand âgé de huit mois, il a eu sa première crise. Je n'ai jamais su que son père et moi, nous avions les traces de cette maladie dans le sang qu'à un examen sanguin après sa crise. J'avais encore reçu un choc, et je me suis dit: "**Encore un enfant condamné à la souffrance!**" Alors, je me suis souvenue quand j'enseignais dans mon pays, j'avais une petite dans ma classe qui souffrait de  ce mal, et j'avais peur de l'enfant. J'ai recommencé à éprouver de la frayeur. J'ai vu le tableau de ce que sera l'avenir de mon fils. **Et, une fois encore, j'ai pris peur.**

Donc, puisqu'il en est ainsi, je me suis armée pour affronter ce combat. Comme su et annoncé, il a eu une vie misérable effectivement. Il a eu à souffrir toute son enfance. Il fut un bébé frêle, fragile, très sensible aux microbes. Il ne passera une année sans qu'il ne soit hospitalisé en deux ou trois fois. Des fois, son hémoglobine descend tellement bas, que l'on doit lui faire une transfusion sanguine. A la moindre infection son hémoglobine descend. Son enfance fut la misère personnifiée. Quand il tombe en état de crise, je dois en urgence le transporter à l'hôpital. Il a des douleurs atroces dans tous ses os. Ce qui réclame des injections de calmants très forts qui le plongent dans un profond sommeil comme un mourant. Il ne peut pas s'asseoir. Et, moi de mon côté, je suis aussi psychologiquement malade. Cela faisait pitié de le voir coucher, le sérum au bras ou à la jambe. Et des fois quand l'aiguille se déplace, c'était pour constater son petit bras enflé et marqué des piqûres de part et d'autre. Quand il devait aller à l'école, je lui faisais toujours porter des pantalons longs parce que le contact avec la poussière lui donnait des boutons pleins les jambes. Ce fut un enfant que je portais comme un oeuf.

Comme une mère vivant sans mari, je refusais d'avoir deux jobs rien que pour être toujours avec lui parce que je ne sais quand il tombera en état de crise. Il maintenait mon attention. Je vivais sous une parfaite tension. Quand bébé, je devais l'emmener à la garderie, j'avais cherché à travailler aussi à ce même endroit Lorsqu'il fut passé à l'école primaire, je travaillais encore à cette institution, rien que pour l'avoir sous mes yeux.

J'étais esclave de lui. J'observais ses moindres réactions pour le transporter en cas de crise à l'hôpital, car la moindre négligence pourrait lui être fatale. La peur et les pleurs étaient encore redevenus mes compagnons. Je le nourrissais d'aliments que je me procurais des boutiques spécialisées dans l'alimentation de ces genres de personnes, et cela coûte très cher.

Pour m'agacer, son père m'avait téléphonée un jour pour me dire puisque c'est lui qui lui envoie un support financier chaque mois, il devrait le réclamer dans son taxe sur le revenu. Je lui avais répondu: "Pensez-vous que cette petite somme soit suffisante pour couvrir les frais de dépenses que les soins de cet enfant réclament? Et, je l'avais tout de suite reporté au Département de la Police pour harrassement verbal, parce que j'étais trop esclave de l'enfant qui était sous ma constante surveillance. Il ne connaissait pas mes misères. Et surtout, je refuse de subir aucune souffrance quelle qu'elle en soit de la part de ces maris. J'en avais assez. Je n'ai plus de place pour supporter davantage. Pauvre insouciant!

Un jour, revenant de mon travail, j'écoutais de nombreux messages enregistrés dans mon répondeur. Je devais me reporter d'urgence à l'hôpital parce qu'on attendait ma signature leur permettant de procéder à une intervention chirurgicale. On devrait enlever sa vescicule bilaire. Au cafétéria de l'école, pendant l'heure du lunch, il était saisi par des atroces coliques et l'on avait appeler l'ambulance pour l'emporter tout de suite à l'hôpital. Comme une folle, je me suis précipitée sur les lieux. C'était pour le voir comme toujours étendu avec le sérum au bras. On lui avait déjà fait une transfusion sanguine, et l'on a procédé à l'opération le lendemain. Cela faisait pitié de le voir ainsi souffrir, ne sachant quelle position se coucher sur un lit de douleur. Ayant l'habitude de pleurer en sa présence, je me suis retenue cette fois-ci. J'avais voulu avoir assez de force pour le réconforter.

Etant donné qu'il avait atteint l'âge de l'adolescense, et il se portait beaucoup mieux après l'opération, j'étais plus ou moins libre dans mes déplacements. Pour répondre à mes multiples besoins, je travaillais 7 jours sur 7, et il était resté seul des fois à la maison. Je sais laisser ma maison depuis trois heures du matin à l'aube pour y revenir à trois heures dans l'après midi. Il s'était laissé entraîner par de mauvais amis qui ont failli causer sa perte. C'est alors que le Dieu Tout-Puissant, dans son Amour Infini, et ne voulant me laisser souffrir davantage, Il est intervenu. Il a mis dans mon coeur l'idée de vendre la maison. Ce qui a été fait.

Le processus de la vente s'était passé tellement vite que je fus étonnée. Et son père, quand il a appris qu'il a de sérieux problèmes, au lieu de lui venir en aide, il l'a abandonné. Je suis toujours la seule à être toujours debout auprès de mes enfants, à leur venir en aide, les encourager, les soutenir et les réconforter en cas besoin. Dans l'espace d'un mois, la maison a été vendue. Et avec les bénéfices tirés sur la vente, j'ai pu répondre à mes nombreux besoins. Le Seigneur m'a envoyée habiter à un endroit très loin de ces amis qui voulaient l'entraîner dans l'abîme. Et patiemment, avec la compassion de mon Sauveur, j'ai pu l'aider à en sortir. Il a mis sa grâce dans son coeur, et mon fils se décide à marcher dans le droit chemin. Maintenant, il va au collège pour obtenir un degré universitaire. Si par la suite, il choisit de retourner sur la mauvaise voie, je n'en suis pas responsable. Mon coeur n'a rien à me reprocher sinon que je m'étais laissée influencer par des intrus qui ont dévasté ma vie. **Je m'identifie à la femme de douleur habituée à la souffrance. C'est l'Eternel ma force.**

Certains me reprochèrent de n'avoir pas été trop sévère avec lui. Ayant atteint l'âge adulte reconnu dans le pays, je devais l'expulser de ma maison. Et, je me suis dit: "**Aurais-je le courage d'agir ainsi sous le prétexte d'exercer ma sévérité?** Comme une mère, je fais ce que ma conscience et mon instinct maternel me dictent. Si après l'avoir chassé, sa situation s'aggrave? Je n'aurais pas le courage de supporter ce fardeau. Je n'agis pas comme la mère-coucou insouciante. J'aurais à souffrir toute ma vie du regrèt de ne l'avoir pas secouru, de ne l'avoir pas tendu la verge de sauvetage. Il est mon fils. Dieu me l'a donné pour prendre soin de lui, surtout il est un enfant malade. Je dois l'aider à survivre. Peut-on me dicter la conduite à adopter avec un fils en détresse, alors que personne ne s'était décidé à m'aider? Tout le monde m'avait montré leur indifférence, leur aggression, leur insouscience et leur mépris. Ils m'ont même ironisée me laissant seule avec ma peine pour voir comment que j'allais en sortir. Si vous qui m'avez causé tant de chagrin, je ne vous ai pas chassé de ma maison, ce n'est pas le fils de mes entrailles que j'abandonnerais. Alors, j'ai appris que plus la douleur est atroce, plus la consolation est immense, et la délivrance est proche. Car si Dieu devrait tenir compte de nos transgressions, nul de nous n'existerait.

Le Bon Dieu agit vite quand Il vous voit sur le point de sombrer. Dans son omniscience, Il voit tout. Il existe beaucoup de façons pour aider mon pauvre fils à se tirer du mauvais pas. Ce sont les étrangers qui m'ont guidée sur le chemin du rachat. Ce sont eux qui m'ont montré leur dévouement, m'ont donné leur support, et m'ont apporté la véritable solution. N'ai-je pas raison maintenant de m'accrocher et de me faire avec eux?

C'est pour cela que je m'oppose à tous ceux qui pensent qu'ils peuvent dresser une barrière dans mes rapports avec mes enfants. J'ai consenti trop de sacrifices pour eux. Ils sont pour moi une source de joie d'une façon ou d'une autre. Si je vis, c'est pour eux. Car, après la pluie, c'est le beau temps. Il faut savoir compter sur les bienfaits de Dieu, car **Son Amour pour moi est incommensurable.**

Après avoir analysé ma vie, j'ai découvert entre parents et maris, que tous ils m'ont écrasée, tous ils m'ont détruite par leurs langues et leurs actions, tous ils ont employé leurs moyens à eux pour m'écorcher, me démoraliser, m'enterrer, et me briser le coeur. Ils ont même essayé d'utiliser mes propres enfants contre moi. Ils sont comme un essaim d'abeilles qui s'élève et court après moi. C'est pour cela que j'ai décidé de rompre le silence, parce que je m'étais sentie prête à craquer.

Tous ces faits rapportés sont ceux-là dont je suis en connaissance. Ceux dont j'ignore pourraient être encore pire. Et, j'en pourrais encore ajouter d'autres. Mais, je me réserve la discrétion de les garder en secret.

Je faisais tellement confiance, et j'étais si conciliante, que je suis toujours la dernière à être au courant de toutes les malpropretés qui se déroulaient dans mon sein. Comme déjà dit plus haut, si je ne parle pas, les pierres le feront à ma place. Et, il se pourrait qu'il soit trop tard. Le Grand Dieu dans son omniscience avait permis que tous ces fâcheux et affreux évènements me frappent afin que mes yeux puissent s'ouvrir, et que je puisse avoir une autre conception et un autre comportement dans ma vie. Si je souffre, c'est pour avoir résisté à des immoralités et des insanités sous toutes ses formes. J'ai remarqué que pour moi, tout doit se faire à l'envers. C'est une plaie incurable que je porte au coeur, et nul ne s'en rend compte. A la fin de ma journée, je pense qu'il me réserve le droit de me reposer en paix **POUR AVOIR DONNE A TOUS LE MEILLEUR DE MOI-MEME.** Je pense que les portes du paradis me seront grandement ouvertes. Je pense aussi que je mérite d'être décorée de la médaille d'honneur. Si pour une raison ou une autre, je ne reçois pas cette médaille en question, je me l'offrirai moi-même, et je la porterai fièrement sur ma poitrine en s'écriant: **"Bravo Vaillante Femme"**! "Cet honneur t'est spécialement gratifié pour avoir combattu le bon combat!" Je me procurerai de la Coupe d'Or que j'exposerai à la vue de tous sur la table de mon salon. Les mauvaises langues s'exclameront que je suis folle. Oui, je le suis pour une bonne cause!!! Je sens que tous ces évènements font de moi une personne forte et exceptionnelle. C'est ce qui me pousse à les transmettre sur du papier pour venir en aide à plusieurs qui souffrent de la même manière. Je veux être la voix des "sans voix". Nulle autre fille n'a connu et n'a résisté à d'aussi dures souffrances. Je suis unique en mon genre, et je me sens complète.

Voilà en un tour de main l'histoire palpitante de la vie de celle qui s'appelle Evelyne Nacier.

Je sais que la publication de ce volume peut provoquer la réaction de tous ceux qui s'acharnent contre moi parce que la vérité blesse. Mais, je suis prête à tout confronter. Il faut être brave dans cette vie, car le Royaume des Cieux, ce sont les braves et les vaillants qui s'en emparent. Après avoir reçu tant de chocs, je suis devenue impassible.

Conclusion

Ayant fini d'écrire **ces mémoires,** je me sens débarrassée de tout ce qui me chipotait l'esprit. C'est comme un cri de détresse que je lance en les rédigeant. Après toutes ces expériences, j'ai pris des résolutions, et j'ai tiré les conclusions que voici :

Ne comptez que sur votre Créateur. Remerciez-Le, et rendez Lui grâce chaque jour pour ses bienfaits. Car, l'on est une faveur de Lui.

Soyez toujours connecter à la Source. C'est de l'Energie pour votre âme.

Dieu nous a créés pour vivre heureux sur cette terre. Nous n'avons qu'à obéir à sa loi et faire sa volonté.

Il faut apprendre à s'aimer soi-même. L'autre vient après. Ne mettez jamais l'autre avant vous.

Apprenez à avoir confiance en vous-même. Soyez comme un imperméable pour ne pas vous laisser pénétrer par les eaux sales.

Prenez contact avec les gens qui sont de même acabit ou plus haut placés que vous. Ce sera un bénéfice pour votre bien-être. Ayez toujours votre regard fixé en haut.

Ne restez jamais à souffrir. Parlez à un autre. Demandez conseils. Soyez créatifs. Même lorsque tout semble aller très mal, sachez que le Tout-Puissant est à la barre.

Débarrassez votre esprit de tout ce qui vous chipote. Si vous n'avez personne à qui parler, mettez-les sur du papier. C'est bon pour votre santé morale. Vous vous sentirez soulagé. En déversant sur du papier vos griefs, vous vous délibérez, et vous ferez de nombreuses nouvelles découvertes.

Si vous pouvez aider, faîtes-le, mais ne pleurez jamais le sort de quelqu'un. Et surtout ne le placez jamais dans votre sein, car vous ne connaissez pas ses antécédants.

Lorsque quelqu'un est tombé, au lieu de l'écraser, donnez-lui la main pour se relever, car nous sommes tous sujets au même sort. Ne vous attendez pas à recevoir de lui de la gratitude. Votre récompense viendra du Ciel.

Certains disent que la reconnaissance est une lâcheté, l'admettent et la justifient.

Des chocs accumulés sans se plaindre aboutissent à de l'apoplexie.

Rien ne se fait au hazard, tout a été écrit.

Il n'y a aucun secret qui sera resté sans être dévoilé.

N'ayez pas un Coeur trop sensible, sinon c'est vous qui payerez les conséquences.

Pratiquez la vertu (pardon, humilité, sagesse) mais avec intelligence. Ne laissez pas l'autre affecter votre vie et troubler votre existence.

La ligne droite n'est pas toujours celle à suivre. Il n'existe pas un seul chemin. Si cela ne marche pas, essayez un autre moyen.

Lorsqu'un foyer est brisé, les victimes sont les enfants.

Apprenez à apprécier et donner valeur à votre bienfaiteur. Il faut savoir apprécier les valeurs, et rendre honneur à qui honneur est dû. Mais, il parait que pour certains la reconnaissance est une lâcheté, comme dit l'autre.

Il serait mieux de donner honneur à quelqu'un pendant son vivant. Votre acte aura plus de poids, sera plus considéré et plus apprécié.

Un bon père responsable est un héros aux yeux de ses enfants.

Une mère insensée fait la destruction de son foyer, et cause la perte de ses enfants, tandis la laborieuse contribue à la réussite des siennes.

L'on dit que l'Education coûte cher, mais l'ignorance coûte beaucoup plus.

Il faut apprendre à utiliser votre bouclier pour vous protéger des coups poignants.

Ne retenez rien en vous, et surtout ne vous laissez pas emporter par la colère. Déversez-les. Débarrassez votre conscience. Faîtes savoir ce qui vous fait mal, et vous serez soulagé.

La Parole est une force qui mène le monde, car Dieu créa le monde par la Parole.

Même en plaisantant, ne prononcez jamais des mots injurieux, menacants, dégradants ou insensés à l'autre. Votre parole a un impact sur autrui, car la parole est puissante et prophétique.

Surveillez les paroles qui sortent de votre bouche, car un jour vous aurez à les avaler.

Une parole de réconfort apporte bénédiction et soulagement. Un mot d'encouragement guérit une blessure.

La parole qui sort de la bouche est une puissance pour

construire ou détruire.

La charité s'exerce non seulement dans ses actions, mais surtout par sa langue.

Quelqu'un vous dérespecte si vous lui donnez l'occasion. Marcher toujours avec la tête haute quoi que l'on dise de vous.

Faîtes seulement ce qui est en votre possibilité. N'allez pas à l'extrême.

N'ayez pas peur des "qu'en dira-t-on?" Notez bien que l'autre n'est pas meilleur que vous. Ne vous laissez dominer par qui que ce soi.

Le péché, quelque soit sa nature, heurte d'une façon ou d'une autre.

Quand vous changez votre façon de voir les choses, les choses aussi changent.

Ce n'est pas tout ce qui brille qui est de l'or.

N'hésitez pas à quitter la table quand elle est déservie, pour répéter l'autre.

Votre façon d'agir et votre apparence extérieure sont une réflexion de votre for intérieur.

Eloignez-vous de tous ceux qui sont animés d'un esprit fétide et corrompu.

Vous n'êtes jamais trop vieux pour avoir des rêves ou rêver d'un rêve nouveau. Ne laissez personne détruire votre rêve.

Chaque instant de votre existence est une nouvelle vie qui commence. Vivez pleinement et sainement votre vie.

Pleurez, mais sachez que les pleurs n'apportent jamais la solution aux problèmes.

Il faut avoir le courage de dire "non" même si cela blesse l'autre. Il faut savoir se détacher de tout ce qui vous emmerde.

Ayez du respect pour qui que ce soi sans restriction.

Ne vous laissez jamais succomber sous le poids d'un fardeau trop lourd. Déchargez-vous.

Soyez vigilant et intelligent. Comprenez et saisissez l'intervention de Dieu.

Ayez l'oeil ouvert, car le Seigneur utilise qui Il veut pour vous secourir.

Dieu n'a pas de parti pris.

N'attendez pas le dernier moment pour réagir.

Les enfants sont des trésors que le Bon Dieu vous a confiés, protégez-les.

Ne soyez pas trop à cheval sur les principes.

Utilisez votre patience à bon escient. Trop de considération, trop de tolérance produisent la licence et l'irrespect.

Eloignez de votre esprit toutes pensées négatives. Il ne faut jamais dire "jamais".

Cessez de plaire à la société à votre dépend, cela ne rapporte absolument rien.

Si vous êtes la tête, gardez votre position.

Soyez une bénédiction, non une malédiction pour autrui.

L'Amour est la rivière de vie qui jaillit dans le monde, et l'Amitié est le don le plus précieux que Dieu puisse faire à l'homme.

L'Amour est cette fleur si belle dont le zéphyr enlève les pétales et arrache les boutons, tandis que l'amitié, c'est l'immortelle que l'on cueille en toute saison.

Je souhaite que ces Mémoires viennent en aide à plusieurs.

Je dédie ce poème à tous ceux qui ont le coeur brisé ou rongé par le chagrin:

L'Amour n'est pas pour moi

L'Amour, ce n'est rien,
L'Amour, je n'en veux pas,
L'Amour, ça me blesse.
A quoi bon ces soupirs et ces caresses,
Ces baisers et ces passions,
Quand tout finira mal?
Pourquoi tous ces tas de plaisirs et de frissons?
Pourquoi tant de sacrifices et d'abnégations,
Quand tout n'est que de l'abus et de la trahison?
Pourquoi se faire tant tant de soucis
Pour récolter de l'irrespect,
Des injures et de l'incompréhention,
De l'ingratitude et non appréciation?
L'Amour, c'est de l'illusion.
L'Amour, laisse tomber.
Je préfère contempler
Du Créateur de l'Univers les merveils
Dans la splendeur d'un coucher du soleil,
Il est Celui qui ne déçoit pas,
Savourer la douce mélodie
D'un petit oiseau gazouillement,
Ecouter le murmure d'un ruisseau,
Se laisser chatouiller par le vent,
Mais l'Amour, pas vraiment.
L'Amour, c'est un piège.
Un piège qui apporte des tourments, de la confusion,
La maladie et même la mort.
Je me réjouis d'avoir des amis,
Des amis avec qui je peux discuter
De tout et de rien,
Mais l'Amour, c'est pas bien.
Non! L'Amour n'est pas pour moi!

BIOGRAPHIE

Evelyne Nacier est née à Port-au-Prince, Haiti le 30 Septembre 1947. Elle a fait toutes ses études à l'école Notre Dame du Perpétuel Secours dirigée par les Filles de Marie au Bel-Air. Elle est diplômée Institutrice en Mai 1967 à la même Ecole qui avait une annexe de l'Ecole Normale d'Elie Dubois. Elle a enseigné de 1967 à 1983 concécutivement au Nouveau Collège Bird, au Kindergarten Jacqueline Turian et à l'annexe du Lycée Français à Pétion-Ville.

Rentrée aux Etats-Unis d'Amérique du Nord en Mai 1983, elle a travaillé dans différentes institutions comme Jardinière d'Enfants, Traductrice, Secrétaire, Travailleur Social, Animatrice de programme à la radio, Agent de Sécurité, etc. Saccagée par tant de fâcheux évènements qui ont marqué sa vie, cela la pousse à porter ses Mémoires sur du papier. De là est sorti ce livre que voici.

ISBN 142512343-0